C.H.BECK ◫ WISSEN

in der Beck'schen Reihe

Peter Funke schildert klar und prägnant die klassische Zeit des antiken Athen. Es wird deutlich, wieso gerade diese Epoche des griechischen Stadtstaates zweieinhalbtausend Jahre europäischer Kultur- und Geistesgeschichte zu prägen vermochte. Der erste Teil der Darstellung ist der Entstehung und Entwicklung der athenischen Demokratie, der erfolgreichen Abwehr der Perser und der Zeit des ersten attischen Seebundes gewidmet. Im zweiten Teil werden die attische Philosophie, ihre Exponenten wie Sokrates und Platon vorgestellt und der peloponnesische Krieg geschildert – jener antike Weltkrieg zwischen den mächtigen Bündnissystemen der Athener und Spartaner. Den Abschluß des Buches bildet die neuerliche Blüte Athens im zweiten Seebund und der vergebliche Kampf um die Freiheit gegen die Makedonen, der mit der Niederlage bei Chaironeia endet.

Peter Funke, Jahrgang 1950, ist Ordinarius für Alte Geschichte und Direktor des Seminars für Alte Geschichte und des Instituts für Epigraphik an der Westfälischen Wilhelms-Universität Münster. Seine Hauptarbeitsgebiete bilden die Geschichte der griechischen Staatenwelt von der mykenischen bis zur römischen Zeit, antike Verfassungsgeschichte, griechische Historiographie, antike Landeskunde und historische Geographie.

Peter Funke

ATHEN IN KLASSISCHER ZEIT

Verlag C. H. Beck

Mit vier Abbildungen und fünf Karten;
die Karten auf den Umschlaginnenseiten sowie auf den
Textseiten 6 und 73 hat Frau Gertrud Seidensticker (Berlin)
gezeichnet, die Karte auf S. 19 Herr Michael Tieke
(Münster).

Für Mary

Die Deutsche Bibliothek – CIP-Einheitsaufnahme

Funke, Peter:
Athen in klassischer Zeit / Peter Funke. – Orig.-Ausg. –
München : Beck, 1999
  (C.H. Beck Wissen in der Beck'schen Reihe ; 2074)
  ISBN 3 406 44574 8

Originalausgabe
ISBN 3 406 44574 8

Umschlagentwurf von Uwe Göbel, München
Umschlagabbildung: Ornament auf apulischer Vase,
letztes Viertel des 5. Jahrnunderts v. Chr.
C. H. Beck'sche Verlagsbuchhandlung (Oscar Beck), München 1999
Satz: Kösel, Kempten
Druck und Bindung: C.H. Beck'sche Buchdruckerei, Nördlingen
Gedruckt auf säurefreiem, alterungsbeständigem Papier
(hergestellt aus chlorfrei gebleichtem Zellstoff)
Printed in Germany

Inhalt

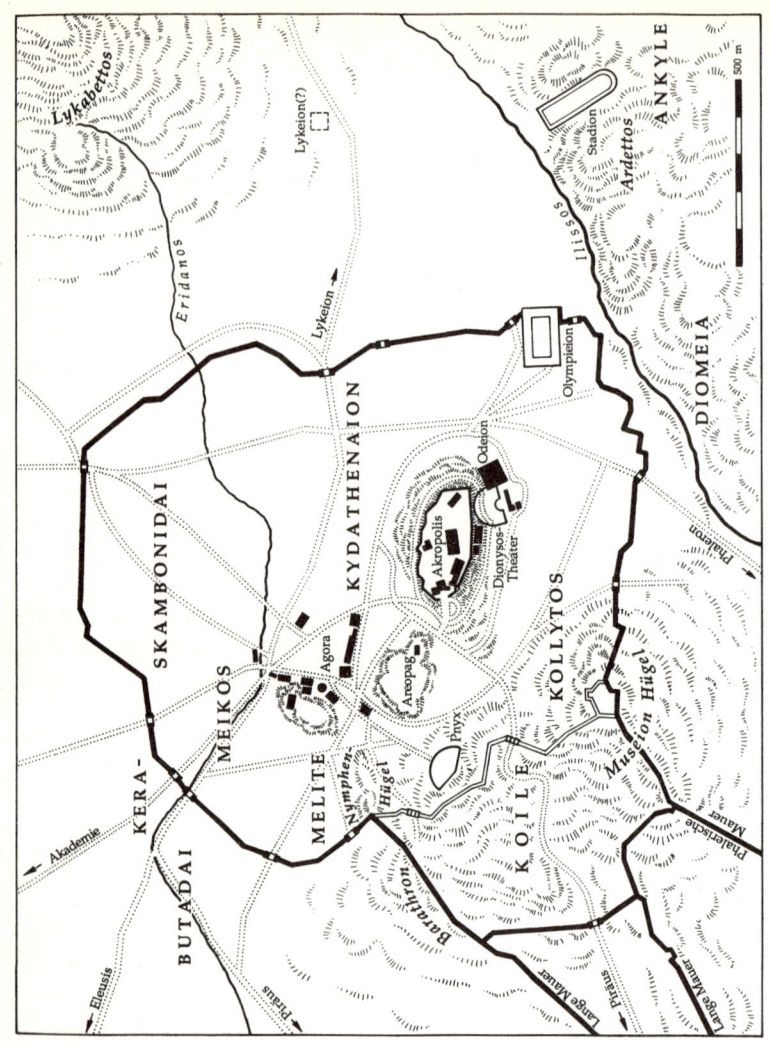

Stadt Athen

I. Wendezeit und Zeitenwende:
Der Aufbruch zur Demokratie

Es war eigentlich ein unerhörtes Geschehen, das sich im Jahre 508 v. Chr. an den Hängen der Akropolis in Athen abspielte: Eine aufgebrachte Menge von Athenern belagerte den Burgberg, hinter dessen Mauern sich Isagoras, der amtierende oberste Beamte in Athen, und König Kleomenes I. von Sparta mit einigen hundert Gefolgsleuten und spartanischen Soldaten verschanzt hatten. Schon am dritten Tag mußten sich die Belagerten geschlagen geben. Den Spartanern wurde freier Abzug gewährt, und auch Isagoras konnte unentdeckt gemeinsam mit den abziehenden Truppen entkommen; seine Anhänger aber wurden gefangengenommen und hingerichtet.

Nun waren Bürgerkriege und militärische Interventionen aus dem Ausland in der damaligen griechischen Staatenwelt alles andere als ungewöhnlich, eher sogar an der Tagesordnung, auch wenn es schon bemerkenswert war, daß ein eher ungeordnetes athenisches Bürgeraufgebot einen spartanischen König in die Knie zu zwingen vermochte. Das Besondere des Vorgangs lag aber darin, daß es eben jener König Kleomenes gewesen war, der nur kurze Zeit zuvor – im Jahre 510 v. Chr. – an der Spitze einer großen spartanischen Interventionstruppe selber die Akropolis belagert und entscheidend zur Vertreibung der athenischen Tyrannen beigetragen hatte, die sich dort verbarrikadiert hatten. Damals betrieben führende athenische Adelsfamilien, allen voran die Alkmaioniden, aus dem Exil heraus den Sturz der Peisistratiden, die über mehr als eine Generation hinweg als Tyrannen in Athen geherrscht hatten. Da aber die eigenen Kräfte nicht ausreichten, schreckten die Alkmaioniden selbst vor einer Bestechung des delphischen Orakels nicht zurück, um im Kampf gegen die Tyrannis auch die Spartaner auf ihre Seite zu ziehen.

Für die Spartaner zahlte sich ihr Engagement allerdings nicht aus. Im Jahre 508 v. Chr. – nach einem zweiten Eingreifen in innerathenische Auseinandersetzungen – fanden sie sich nun selber unversehens in der Rolle der Belagerten wieder; und nicht nur König Kleomenes dürfte sich an den von ihm erzwungenen Abzug der Tyrannen erinnert gefühlt haben, als er mit seinen Soldaten die Akropolis räumen und sich nach Sparta zurückziehen mußte. Das harsche Vorgehen der Athener gegen ihren Landsmann Isagoras und seine Parteigänger und gegen die Spartaner, die doch gerade noch als Helfer in der Not beim Sturz der Tyrannis die entscheidende Unterstützung gewährt hatten, markiert einen Wendepunkt in der Geschichte Athens, der nur durch einen Rückblick auf die vorangegangene Zeit verständlich wird.

Das 6. Jahrhundert: eine Vorgeschichte

Kaum waren die Tyrannen vertrieben, drohte die athenische Bürgerschaft erneut in den Strudel adeliger Machtkämpfe hineinzugeraten, die in Athen schon im ausgehenden 7. und im frühen 6. Jahrhundert zu einer Zerreißprobe geführt und schließlich den Politiker Solon auf den Plan gerufen hatten. Tiefgreifende soziale und wirtschaftliche Veränderungen hatten in jenen Jahren nicht nur in Athen die politische Ordnung aus den Fugen geraten lassen. Eine rapide zunehmende Verarmung breiter bäuerlicher Schichten einerseits und die Forderung nichtadeliger, zu neuem Reichtum gelangter Gruppen nach einer stärkeren Beteiligung am politischen Entscheidungsprozeß andererseits ließen den Ruf nach einer grundlegenden gesellschaftlichen und politischen Reform immer vernehmlicher werden.

In dieser Situation war Solon im Jahre 594 v. Chr. zum Archon gewählt und mit der Aufgabe betraut worden, die wachsende Kluft zwischen den gesellschaftlichen Gruppierungen innerhalb der Polis zu überbrücken und das Gefüge des athenischen Staates wieder ins Lot zu bringen. Solon stellte den zerrütteten Verhältnissen in Athen, der *dysnomía*, das Ideal der *eunomía* entgegen. Gemeint war damit eine Ordnung, die dem sozialen und ökonomischen Wandel in Athen Rechnung zu tragen suchte und auf eine entsprechende Neuverteilung der politischen Rechte und Pflichten innerhalb der Bürgerschaft abzielte. Maßstab für die Beteiligung an den öffentlichen Entscheidungsprozessen wurde das Vermögen des einzelnen Bürgers und nicht mehr seine Herkunft. Nicht mehr die familiale Abstammung bestimmte künftighin die politischen Rechte des einzelnen, sondern seine Zugehörigkeit zu einer der vier, nach Einkommen gestaffelten Vermögensklassen, in die Solon die gesamte athenische Bürgerschaft eingeteilt hatte.

Mit Demokratie hatte das alles noch wenig zu tun, auch wenn zwei Jahrhunderte später Solon in den Augen der Athener als Begründer der demokratischen Verfassung gelten sollte. Solon ging es vielmehr um den Abbau überkommener Vorrechte der alten Adelsfamilien zugunsten eines zwar breiteren, aber eben doch abgestuften Mitwirkungsrechts der athenischen Bürgerschaft. Volksversammlung (*ekklesía*) und Volksgericht (*heliaía*) standen zwar allen Bürgern offen, die Bekleidung aller politischen Ämter und wohl auch die Wahl in den neu gegründeten, jährlich mit 400 Bürgern zu besetzenden Rat blieben aber jeweils an bestimmte Mindesteinkommen gebunden. Im politischen Bereich sollten die gleichen Prinzipien zum Tragen kommen, die auch schon der athenischen Wehrordnung zugrunde lagen. So wie jeder Bürger seinem jeweiligen Einkommen entsprechend zum Kriegsdienst herangezogen wurde, so wurden ihm nun auch die politischen Rechte zugeteilt. Der Grundgedanke war eine neue Verknüpfung von Staats- und Wehrverfassung, um auf diese Weise die Gesamtheit der Bürger enger in die Verantwortung für den Staat (*pólis*) einzubinden und den Zusammenhalt der Bürgerschaft über alle Gegensätze hinweg nachhaltig zu stärken. Die enge Verbindung von Besitzstand, militärischen Pflichten und politischen Rechten eines Bürgers spiegelt sich auch in den Namen der vier solonischen Vermögensklassen wider, die ursprünglich nach Ernteerträgen (gemessen in Medimnen, das sind Scheffel zu je ca. 52,5 l), später dann nach dem Geldeinkommen unterschieden wurden: *Pentakosiomédimnoi* („Fünfhundertscheffler" / über 500 Scheffel), *Hippeís* („Reiter" im Heer / über 300 Scheffel), *Zeugítai* („Soldaten in der Schlachtreihe" / über 200 Scheffel) und *Thétes* („Lohnarbeiter" / unter 200 Scheffel).

Diese timokratische, d.h. die politischen Mitwirkungsmöglichkeiten des einzelnen nach dessen Besitzstand bemessende Neueinteilung des athenischen Bürgerverbandes bildete den Kern eines umfassenden Reformprogrammes. Mit einer radikalen Tilgung aller Hypothekenschulden (*seisáchtheia* / „Lastenabschüttelung") und dem Verbot, zahlungsunfähige Schuldner in die Sklaverei zu verkaufen, antwortete Solon auf die bedrückende wirtschaftliche und soziale Notlage in Athen. Zugleich dienten diese Eingriffe als flankierende Maßnahmen für ein umfangreiches Gesetzgebungswerk, das sich auf fast alle öffentlichen und privaten Lebensbereiche der Athener auswirkte. Vieles wurde neuen Regelungen unterworfen, manches aber blieb auch bestehen oder wurde nur den neuen Verhältnissen angepaßt. Entscheidend war, daß die solonischen Gesetze schriftlich fixiert und die Schrifttafeln mit den Gesetzestexten öffentlich aufgestellt wurden. Damit wurde das neue Recht dem willkürlichen Zugriff einer mündlichen Rechtsprechung entzogen und für jeden Bürger einsehbar, verfügbar und auch einklagbar. Die Veröffentlichung der rechtlichen Grundlagen der Polis wurde so zum sichtbaren Ausdruck einer neuen staatlichen Ordnung, die darauf ausgerichtet war, die Bürgerschaft aus ihrer festen Einbindung in die Politik der führenden Adelsfamilien zu lösen und jeden Bürger unmittelbar an der Polis teilhaben zu lassen.

Kurzfristig hatte die Anwendung timokratischer Prinzipien wohl kaum zu größeren Veränderungen der politischen Führungsschicht geführt; die Angehörigen der beiden obersten und einflußreichsten Vermögensklassen waren sicherlich zunächst noch weitgehend mit den Angehörigen der alten mächtigen Adelsfamilien identisch. Längerfristig mußte sich das aber ändern. Die politischen Ämter standen nun auch nichtadeligen Bürgern offen, sofern sie über das erforderliche Einkommen verfügten; vor allem aber hatte das solonische Regelwerk das bürgerliche Selbstbewußtsein der Athener geweckt. Die damit einhergehende allmähliche Auflösung alter Beziehungs- und

Bindungsgeflechte schwächte die Position des Adels und zwang ihm neue Formen politischer Auseinandersetzung auf.

Der von Solon eingeschlagene Weg einer grundlegenden Neukonsolidierung Athens fand daher nicht überall die Akzeptanz, die für eine dauerhafte Stabilisierung der Verhältnisse erforderlich gewesen wäre. Die Rivalitäten zwischen den Adelshäusern brachen erneut auf. Die Kämpfe um Macht und Einfluß in der Polis nahmen sogar noch an Schärfe zu, da nun auch diejenigen, die bisher von den politischen Entscheidungen ausgeschlossen waren, ihre neu erworbenen Rechte und Ansprüche zur Geltung brachten. In der ersten Hälfte des 6. Jahrhunderts drohte Athen über den Auseinandersetzungen um die Führung in der Polis in Chaos und Anarchie zu versinken.

Dieser innenpolitischen Konfrontation wurde erst ein Ende gesetzt, nachdem es dem Athener Peisistratos – nach mehreren Anläufen – im Jahre 546 v. Chr. endgültig gelungen war, sich in Athen als Tyrann zu etablieren. Am Schluß einer jahrzehntelangen Abfolge erbitterter Parteienkämpfe stand die Tyrannis, eben jene Herrschaftsform, der Solon durch seine Reformen konsequent die Grundlagen zu entziehen versucht hatte. Paradoxerweise sollte aber gerade die Tyrannis des Peisistratos und seiner Familie letztlich zur Festigung der solonischen Ordnung beitragen. Um seine Herrschaft gegenüber den anderen Adeligen zu behaupten, setzte Peisistratos nicht nur auf den Beistand auswärtiger Tyrannen und Söldnertruppen, sondern suchte auch in Athen jenseits der eigenen engeren Klientel die Unterstützung anderer Bevölkerungsgruppen. Peisistratos benötigte eine breite Anhängerschaft, um das Machtbegehren seiner politischen Gegner zu paralysieren. Und er fand diese Anhänger vor allem auch in den Kreisen, deren Hoffnungen auf die solonischen Reformen durch die nachfolgenden Adelskämpfe enttäuscht worden waren. Zwar bot auch Peisistratos ihnen keine größere Teilhabe an der politischen Macht; diese konzentrierte er faktisch allein in seinen Händen. Aber zumindest formal ließ er die solonische Ordnung unangetastet, zumal sie sich bestens dazu nutzen ließ, die lästige Adelskonkurrenz im Zaume zu halten. Das Festhalten an dem durch

Solon vorgegebenen institutionellen Rahmen setzte den politischen Ambitionen einzelner Aristokraten enge Grenzen, insbesondere solange der Tyrann den bestimmenden Einfluß auf die Besetzung der politischen Ämter ausüben konnte. Alte Machtmechanismen wurden außer Kraft gesetzt und den Adeligen blieb in der Regel nur die Wahl zwischen einem Arrangement mit der herrschenden Tyrannenfamilie oder dem Exil.

Die übrigen Bürger mochten sich mit ihrer politischen Entmündigung zunächst noch abfinden, da mit der Tyrannis wenigstens der unselige Widerstreit zwischen den Adelsfaktionen ein Ende gefunden hatte. Darüber hinaus profitierten viele vom wirtschaftlichen Aufschwung Athens. Handel, Handwerk und Gewerbe blühten auf. Neben Wein und Olivenöl wurden Tongefäße aller Art zu einem Exportschlager. Durch die Anwendung innovativer Techniken bei der Herstellung und Gestaltung erzielten die Athener in der Vasenproduktion bis dahin unerreichte Qualitäten (Entwicklung der rotfigurigen Vasenmalerei) und drängten im gesamten Mittelmeerraum Konkurrenten wie etwa die Korinther zusehends vom Markt. Dieses ökonomische Erstarken war nicht zuletzt dem inneren Frieden in der Polis und einer geschickten Wirtschaftspolitik der Peisistratiden zu verdanken, die manches von dem wiederaufnahm und fortführte, was schon Solon ins Werk gesetzt hatte.

An die solonische Politik knüpften aber insbesondere auch die Maßnahmen der Peisistratiden an, die auf eine Stärkung des Zusammengehörigkeitsgefühls aller athenischen Bürger abzielten. Damit sollte ein Gegengewicht zu den Faktionsbildungen und zur Cliquenwirtschaft der einzelnen Adelshäuser geschaffen und deren politische Einflußmöglichkeiten gemindert werden. Während aber für Solon die Umverteilung der politischen Macht innerhalb der Bürgerschaft im Vordergrund stand, diente für die Tyrannen die Integration jedes einzelnen Bürgers in die Polis ausschließlich dem eigenen Machterhalt. Jede Beeinträchtigung ihrer politischen Vorherrschaft sollte ausgeschlossen bleiben.

Die Tyrannen lenkten daher die Entfaltungsmöglichkeiten der Athener auf politikfernere Bereiche, die aber gleichwohl geeignet waren, den inneren Zusammenhalt der gesamten Polis zu stärken. So betrieben die Peisistratiden eine planvolle Förderung von Kulten und religiösen Festen, in die stets alle Bürger eingebunden waren. Die Panathenäen zu Ehren der Stadtgöttin Athena und die Dionysien wurden mit ihren musischen und sportlichen Wettkämpfen zu Höhepunkten im jährlichen Festkreis aller Athener. Die aufwendige Ausgestaltung der Feste ging einher mit Baumaßnahmen in bis dahin nicht gekannten Ausmaßen. Auf der Akropolis wurde ein prachtvoller, später von den Persern zerstörter und nie wieder aufgebauter Athenatempel errichtet und im Südosten der Stadt begann man mit dem Bau des Olympieions, eines überdimensionierten Tempels für den olympischen Zeus. Ein Wasserversorgungssystem mit schönen Brunnenanlagen und einem weit ausgelegten Leitungsnetz wurde in Angriff genommen, und für eine neue *Agorá*, den öffentlichen Versammlungs- und Marktplatz, wurde im Gebiet nördlich des Areopags ein großzügig geplantes Areal mit ersten Bauten erschlossen. Gezielt gestalteten die Tyrannen die Stadt Athen zum kultischen und urbanen Zentrum und zur neuen Mitte ganz Attikas aus, um für die Bewohner über alle lokalen Bindungen hinweg einen neuen zentralen Bezugspunkt zu schaffen. Symbolisch für dieses Ziel stand die Errichtung des Zwölf-Götter-Altars auf der Agorá, der als gedachter Mittelpunkt der Polis galt und von dem aus künftighin alle Wegstrecken in Attika vermessen wurden. Zugleich sollte das äußere Erscheinungsbild der Stadt der Herrschaft der Tyrannen sichtbaren Glanz verleihen und ihre Macht nach außen hin dokumentieren.

Mit dieser Politik, die auf Terror und Gewalt weitgehend verzichtete, vergewisserten sich die Peisistratiden des Rückhalts breiterer nichtadeliger Bevölkerungsschichten in Athen. Dieser Rückhalt bedeutete allerdings keineswegs eine unbedingte Loyalität gegenüber den Tyrannen. Für viele war die Alleinherrschaft eines Tyrannen nur das kleinere Übel im Vergleich zu den Wechselfällen der aristokratischen Parteienkämpfe vorangegangener Zeiten. So fügte man sich vorerst der peisistratidischen Herrschaft, zumal diese zumindest den

Grundbestand der solonischen Ordnung unangetastet ließ –
wenn auch um den Preis der politischen Entmündigung. Auf
Dauer aber war man nicht mehr bereit, den Mangel an politischer Mitsprache einfach hinzunehmen. Die Peisistratiden
selbst hatten mit ihrer Politik entscheidend dazu beigetragen;
der wachsende Wohlstand tat ein Übriges. Die Lösung der Bürger aus ihrer politischen Bindung an einzelne Adelshäuser und
ihre ideologische Ausrichtung auf den athenischen Staat hatten
insbesondere in den wohlhabenderen Schichten das bürgerliche Selbstbewußtsein gestärkt. Es war nur eine Frage der Zeit
und vor allem auch der Gelegenheit, daß diese Gruppierungen
auch auf ihre politische Teilhabe an der Polis nicht mehr verzichten wollten.

Nach dem Tod des Peisistratos 528/7 v. Chr. war die Herrschaft zunächst offenbar reibungslos auf seine Söhne über-
gegangen. Die Situation veränderte sich aber grundlegend, als
im Jahre 514 v. Chr. die beiden Athener Harmodios und Aristogeiton den Peisistratiden Hipparchos in einem privaten
Racheakt ermordeten. Sein Bruder Hippias, der den Mordanschlag überlebt hatte, verschärfte daraufhin das tyrannische
Regime und rief dadurch den verstärkten Widerstand der
Athener hervor. Jetzt waren es wohl nicht mehr nur die adeligen Gegenspieler der Peisistratiden, sondern auch weite Teile
der nichtadeligen besitzenden Schichten, die ein Ende der
Tyrannenherrschaft herbeiwünschten. Aus eigenen Kräften
vermochten die Athener allerdings nicht die Tyrannis zu stür-
zen. Die Befreiung kam von außen, als spartanische Soldaten
unter Führung des Königs Kleomenes I. 510 v. Chr. in Athen
intervenierten und Hippias zum Verlassen der Stadt zwangen.

Kleisthenes: ein politischer Neubeginn

Im Widerstand gegen die Tyrannis wußten sich die meisten
Athener einig; ganz anders stand es jedoch mit ihren Vorstellungen über die politische Neugestaltung. Hierüber kam es
nach dem Sturz der Tyrannis zu heftigen Auseinandersetzungen. Teile des Adels erhofften sich eine Restauration ihrer alten

14

Machtstellung. Im Jahre 508 v. Chr. gelang es ihnen, ihren Wortführer Isagoras in das oberste Amt des Archonten zu bringen. Mit seiner Hilfe wollten sie sogar die von Solon geschaffene Grundordnung wieder außer Kraft setzen und die politische Macht in die Hände eines 300köpfigen Adelsrates legen.

Der Gegenspieler des Isagoras war der Kleisthenes aus dem Geschlecht der Alkmaioniden. Wie Isagoras drängte auch er zur Macht. Er war in den vorangegangenen Jahren der eigentliche Drahtzieher im Kampf gegen die Tyrannis des Hippias gewesen, und er hatte auch durch Bestechung die delphische Priesterschaft dazu gebracht, die Spartaner zum Eingreifen in Athen zu veranlassen. Während Isagoras Athen wieder in die Bahnen einer Adelsherrschaft alten Stils zurücklenken wollte, hatte Kleisthenes erkannt, daß sich das Rad nicht mehr zurückdrehen ließ. Die Tyrannis war endgültig in Mißkredit geraten; aber ebenso waren auch die früheren Herrschaftsformen obsolet geworden, die ausschließlich den alten Adelshäusern vorbehalten waren. Die Tyrannis hatte die Rahmenbedingungen für politisches Handeln unwiederbringlich verändert. Fast ein halbes Jahrhundert hatten die Peisistratiden die führenden Adelshäuser in Athen politisch kaltgestellt und jegliches politisch eigenständige Agieren unterbunden. Damit waren die traditionellen Bindungen zwischen dem Adel und der übrigen Bevölkerung nachhaltig gestört und eingefahrene politische Verhaltensmuster aus der Übung gekommen.

Die Folgewirkungen dieser peisistratidischen Politik entsprachen dann aber keineswegs den eigentlichen Intentionen. Was nur dem eigenen Machterhalt dienen sollte, hatte letztlich entscheidend dazu beigetragen, den Forderungen der Bürgerschaft nach einer grundlegenden Neuordnung der politischen Entscheidungsprozesse in Athen den Weg zu bahnen. Kleisthenes griff diese Forderungen auf und propagierte die Idee einer umfassenden Neugestaltung des athenischen Bürgerverbandes mit dem Ziel, allen Bürgern eine möglichst unmittelbare Teilhabe an der Politik zu gewähren. Mit einem sicheren Gespür für das veränderte politische Klima in Athen konnte er sich auf

15

diese Weise in der Auseinandersetzung mit Isagoras um die politische Führung in Athen die Unterstützung breiter Bevölkerungsschichten verschaffen.

Kampflos wollten seine Gegner das Feld aber nicht räumen. In die Defensive gedrängt, rief Isagoras die Spartaner zur Hilfe. Erneut intervenierte König Kleomenes in Athen, und gestützt auf die spartanischen Truppen gelang es Isagoras, Kleisthenes und die Familien von 700 seiner Parteigänger aus Attika zu vertreiben. Aber auch dieses Vorgehen reichte nicht mehr aus, um die eigenen Ziele durchzusetzen. Der Versuch des Isagoras, das von Solon geschaffene Ratsgremium oder vielleicht auch schon einen bereits nach den politischen Vorstellungen des Kleisthenes neu zusammengesetzten Rat – die Quellen lassen uns hier im Ungewissen – aufzulösen, brachte das Faß zum Überlaufen. Die Mehrheit der Bürger war nicht mehr bereit, sich abermals politisch entmündigen zu lassen. Obgleich Kleisthenes und seine gesamte engere Anhängerschaft außer Landes waren, fanden sich immer noch so viele Bürger zum bewaffneten Widerstand zusammen, daß es ihnen gelang, Isagoras und seine politische Gefolgschaft mitsamt den spartanischen Soldaten unter der Führung des Kleomenes auf der Akropolis einzuschließen. Was dann folgte, wurde bereits zu Beginn dieses Kapitels beschrieben.

Mit dem Sieg über Isagoras und seine Anhänger hatten sich die Athener im Jahre 508 v. Chr. gegen alle aristokratischen Restaurationsversuche erfolgreich zur Wehr gesetzt und ihrer Forderung nach einer größeren Teilhabe an der Politik zum entscheidenden Durchbruch verholfen. Was durch die Reformen Solons vorbereitet war und unter der Tyrannis der Peisistratiden – von diesen ungewollt – reifen konnte, trug nun Früchte. Das politische Selbstbewußtsein breiterer Schichten hatte sich erstmals Geltung verschafft und sollte künftig zu einem ausschlaggebenden Faktor für die weitere Ausgestaltung der athenischen Staatsordnung in klassischer Zeit werden. Daher wurden eingangs die Geschehnisse des Jahres 508 v. Chr. als ein Wendepunkt der Geschichte Athens bezeichnet und an den Anfang dieser Darstellung gerückt.

Der Sieg über Isagoras war auch ein Sieg des Kleisthenes. Er hatte mit seinen Ideen die entscheidenden Impulse zum Widerstand gegeben; und da die Athener noch nicht über das erforderliche Selbstvertrauen und auch noch nicht über die notwendige Erfahrung verfügten, die staatliche Neuordnung eigenständig in die Hand zu nehmen, setzten sie ihre Hoffnungen auf Kleisthenes, der sogleich aus dem Exil zurückgerufen wurde. Hier verharrten die Athener noch ganz in den Verhaltens- und Erwartungsmustern der überkommenen Adelsherrschaft. Das galt auch für Kleisthenes. Für ihn war die Umsetzung seiner Reformpläne auch eine Frage der Selbstbehauptung in der Auseinandersetzung mit seinen adeligen Konkurrenten. Daher blieben die kleisthenischen Reformmaßnahmen immer auch ein Stück adeliger Rivalitätskämpfe.

Waren Solon von den streitenden Parteien noch besondere Vollmachten zur Durchsetzung einer neuen Ordnung übertragen worden, so fand Kleisthenes eine so breite Zustimmung bei den athenischen Bürgern, daß er seine Ziele allem Anschein nach auf dem Wege regulärer Mehrheitsentscheidungen verwirklichen konnte, gegen die seine Gegner nichts auszurichten vermochten. Um der alten Adelsherrschaft endgültig die Machtgrundlagen zu entziehen, setzte Kleisthenes auf eine umfassende Neugliederung der gesamten Bürgerschaft. Bis dahin waren die Athener nach Personenverbänden – nach „Phylen" („Stämmen") und „Phratrien" („Bruderschaften") – gegliedert, die auf gentilizische, d.h. mehr oder weniger fiktive verwandtschaftliche Beziehungen zurückgeführt und von einzelnen Adelshäusern dominiert wurden. Die Teilhabe der Bürger an den politischen Entscheidungen war von ihrer Einbettung in dieses von personalen Bindungen geprägte Beziehungsgeflecht abhängig. Daran hatte auch die zusätzliche Einteilung der Bürgerschaft in vier Vermögensklassen durch Solon aufgrund der nachfolgenden politischen Ereignisse faktisch zunächst noch wenig geändert, obgleich diese Maßnahme eigentlich auf eine Beseitigung des gentilizischen Prinzips zumindest im politischen Bereich abzielte.

Kleisthenes verfolgte daher einen radikaleren Weg und suchte der politischen Organisation des athenischen Bürgerverbandes einen völlig neuen Zuschnitt zu geben. Dies war nicht zuletzt aufgrund der Größe der Polis Athen keineswegs leicht zu bewerkstelligen. Zum Polisterritorium zählte eben nicht nur die Stadt Athen, sondern ganz Attika. Von den hoch aufragenden Gebirgszügen des Parnes und des Kithairon im Norden bis zur Südspitze von Kap Sunion erstreckte sich das athenische Staatsgebiet über mehr als 2600 km^2 und entsprach damit fast genau der Größe des heutigen Staates Luxemburg. An der Wende vom 6. zum 5. Jahrhundert dürften hier ca. 120–150 000 Einwohner – Frauen, Kinder, Fremde und Sklaven mit eingerechnet – gelebt haben, von denen wiederum ca. 25–30 000 männliche Vollbürger, d. h. Inhaber aller politischen Rechte und Pflichten waren. In der „Hauptstadt" Athen und ihrer näheren Umgebung lebte wohl kaum mehr als ein Drittel der Gesamtbevölkerung; die übrige Einwohnerschaft verteilte sich auf ganz Attika, das nicht nur in den Küstenregionen und in den fruchtbaren Ebenen von Eleusis, Athen und des Binnenlandes, sondern auch an den Randzonen der Gebirge und in den nordöstlichen und südlichen Hügellandschaften dicht besiedelt war. Es gab weit mehr als 100 Landgemeinden ganz unterschiedlicher Größe. Streusiedlungen mit zahlreichen Einzelgehöften und Dörfern bestanden neben kleineren urbanen Zentren mit durchaus städtischem Gepräge. Die Vielfalt und Dichte der Besiedlung Attikas hatte der Ausbildung zahlreicher lokaler Sonderinteressen Vorschub geleistet. Vor allem die alten Adelsgeschlechter hatten einzelne Regionen ihrer Macht und ihrem Einfluß unterworfen und fanden hier – gestützt auf die gentilizische Grundordnung der Polis – ihre Klientel und den notwendigen Rückhalt für ihre Politik.

Um diese Abhängigkeitsverhältnisse aufzulösen, bedurfte es einer entschiedeneren Abkehr vom gentilizischen Prinzip, als sie Solon vollzogen hatte. Kleisthenes machte daher ein rein territoriales Ordnungsprinzip, das den gewachsenen regionalen Bindungen zuwiderlief, zum Fundament seines Reform-

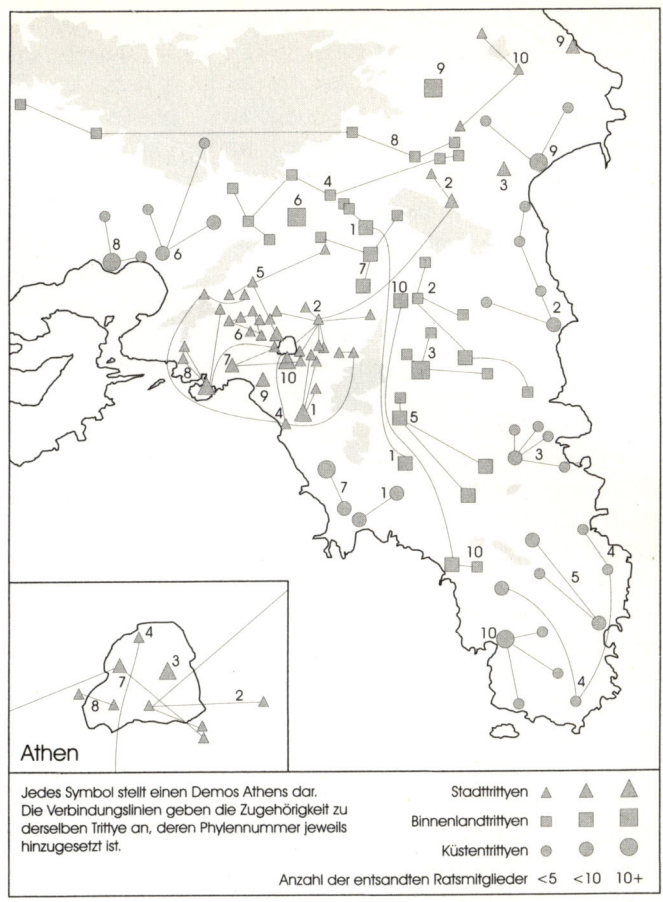

Jedes Symbol stellt einen Demos Athens dar.
Die Verbindungslinien geben die Zugehörigkeit zu
derselben Trittye an, deren Phylennummer jeweils
hinzugesetzt ist.

	<5	<10	10+
Stadttrittyen	△	△	△
Binnenlandtrittyen	▪	▪	■
Küstentrittyen	•	●	●

Anzahl der entsandten Ratsmitglieder

Das athenische Phylen- und Demensystem
nach der kleisthenischen Neuordnung

werkes. Er schuf ein völlig neues Phylensystem, das zum
Grundraster der politischen Organisation des Bürgerverbandes
wurde. Die alte gentilizische Phylenordnung behielt zwar noch
eine gewisse soziale Geltung; im Bereich des Politischen aber
verlor sie alle Wirkungsmöglichkeiten.

19

Ganz Attika wurde in die drei großen Landschaftszonen „Stadt" (*ásty* / Stadt Athen einschließlich der sie umgebenden Kephissosebene bis hinunter zur Küste von Phaleron und Piräus), „Küste" (*paralía*) und „Binnenland" (*mesógeia*) eingeteilt. Die attischen Landgemeinden – und im Falle der Stadt Athen auch einzelne Stadtviertel – wurden als eigenständige Verwaltungsbezirke („Demen") konstituiert und in den drei geographischen Großräumen zu jeweils 10 Einheiten zusammengefaßt, und zwar dergestalt, daß jede Einheit eine zumindest annähernd gleich große Anzahl von Bürgern enthielt. Diese 30 Einheiten wurden Trittyen („Drittel") genannt, da aus ihnen insgesamt 10 neue Phylen geschaffen wurden, die jeweils aus einer Trittys der Bereiche Stadt, Küste und Binnenland bestanden.

In der überaus komplexen Struktur dieses Phylensystems kombinierte Kleisthenes zwei verschiedene Grundgedanken. Er verband die strikte Anwendung des Territorialprinzips mit der Idee der Durchmischung der gesamten Bürgerschaft. Die Zusammenlegung regional unterschiedlicher Demengruppen zu jeweils einer Phyle sollte das Gemeinschaftsgefühl der Bürger festigen und ihr politisches Zusammenwirken über alle lokalen Bindungen hinweg ermöglichen. Jede der 10 neuen Phylen wurde nach einem attischen Heros benannt, dessen kultische Verehrung die Zusammengehörigkeit innerhalb dieser Bürgerabteilungen noch zusätzlich stärkte. Das neugestaltete Gefüge von Demen, Trittyen und Phylen gewährleistete ein ausgewogenes Verhältnis zwischen den politischen Ansprüchen des einzelnen Bürgers und den Interessen der Gesamtheit.

Die Basis der kleisthenischen Neuordnung bildeten die Demen, deren Stellung entscheidend gestärkt wurde. Ebenso wie die Phylen und Trittyen besaßen auch sie gesonderte Institutionen zur Regelung der ihnen zugewiesenen Aufgaben. Die Demen, an deren Spitze jährlich zunächst gewählte, später geloste leitende Beamte („Demarchen") standen, verfügten über eigene Kulte, eigenen Besitz und eigene Gemeindeversammlungen, die mit wichtigen Entscheidungsbefugnissen ausgestattet waren; denn auf der Ebene der Demen wurden alle Ansprüche auf das athenische Bürgerrecht geprüft und die Bürgerlisten geführt. Hier wurden auch die Kandidaten für die Besetzung der obersten Magistraturen der Polis und zahlreicher anderer Ämter bestellt und später dann auch die Richter für die zentralen Gerichtshöfe bestimmt. Die Demen waren auch die unterste Rekrutierungseinheit für das nach den 10 Phylen ebenfalls neu geordnete militärische Aufgebot, an dem sich die Demen proportional zu ihrer Größe zu beteiligen hatten. Die Mannschaftsstärke eines jeden Phylenregimentes betrug ca. 1000 Schwerbewaffnete („Hopliten"); darüber hinaus steuerte jede Phyle ein kleines, seit der Mitte des 5. Jahrhunderts dann schließlich ca. 100 Mann starkes Kontingent zur Reiterei bei.

Für einen athenischen Bürger wurde die Zugehörigkeit zu einem Demos folglich zu einer unabdingbaren Voraussetzung, um seine politischen Rechte und Pflichten in vollem Umfang wahrnehmen zu können. Äußerlich kam dies auch darin zum Ausdruck, daß von nun an die Athener ihrem Eigennamen neben dem Vatersnamen („Patronymikon") auch die Angabe ihres Demos („Demotikon") hinzufügten, um ihren Status als Vollbürger anzuzeigen.

Die kunstvolle Verklammerung von Demos und Gesamtpolis wird besonders deutlich in der Zusammensetzung und Funktion des von Kleisthenes neu geschaffenen Rates (*bulé*). Er war das eigentliche Kernstück der Reformen. In diesem „Rat der Fünfhundert" war jede der zehn neuen Phylen mit 50 Mitgliedern vertreten. Innerhalb der Phylen stellte jeder Demos eine der Größe seiner Bürgerschaft entsprechende Zahl von Ratsherren („Buleuten"). Diese wurden in den Gemeinden jährlich aus einer größeren Zahl von Bewerbern (mit einem Mindestalter von 30 Jahren) ausgelost. Jeder Bürger durfte im Laufe seines Lebens allerdings nur zweimal der *bulé* angehören, so daß die regelmäßige Ämterrotation der Buleuten – wie im übrigen auch vieler anderer Magistrate – ein hohes politisches Engagement von jedem einzelnen Bürger einforderte.

Diese Zusammensetzung des Rates sorgte nicht nur für eine repräsentative und proportional ausgewogene Vertretung aller

Bürger in der *bulé*, sondern stellte auch einen dauernden Ausgleich zwischen den häufig doch ganz unterschiedlichen Wünschen und Ansprüchen innerhalb der Gesamtbürgerschaft sicher. Die Buleuten konnten nämlich im Rat weitgehend nur phylenweise agieren und waren daher stets gezwungen, ihre eigenen Interessen mit denen der übrigen Buleuten der gleichen Phyle abzustimmen. Da nun die Mischung der Trittyen in jeder Phyle zu einer breiten regionalen Streuung der Demen und damit auch ihrer Ratsvertreter geführt hatte, fanden nicht nur in den Beratungen des Gesamtrates, sondern eben auch in jenen der einzelnen Phylensektionen der *bulé*, der sogenannten Prytaníen, die oft divergierenden Interessen der Bürger angemessen Berücksichtigung. Dies war um so wichtiger, als jede Prytaníe ein Zehntel des Jahres als geschäftsführender Ausschuß unter einem täglich neu ausgelosten Vorsteher (*epistátes*) nicht nur den Rat leitete, sondern bis zum Beginn des 4. Jahrhunderts auch den Vorsitz in den Volksversammlungen führte und damit eine einflußreiche Rolle bei der politischen Entscheidungsfindung spielte.

Auch wenn der *bulé* erst im Verlaufe des 5. Jahrhunderts zahlreiche Aufgaben wie die Finanzkontrolle und die Überwachung der Beamtentätigkeiten zuwuchsen, wurden ihr schon in kleisthenischer Zeit zentrale Kompetenzen übertragen. So lag die Festlegung der Tagesordnung der regelmäßig zusammentretenden Volksversammlung in den Händen des Rates; vor allem aber bedurften sämtliche Entschließungsanträge, die der Volksversammlung zur Entscheidung vorgelegt wurden, einer Vorberatung und Beschlußfassung durch den Rat. Ohne einen solchen Vorbeschluß des Rates (*probúleuma*) konnte in der Volksversammlung über keinen Antrag abgestimmt werden. Auch wenn die Volksversammlung letztlich der Souverän der Entscheidung blieb und durch zusätzliche Initiativanträge ein Probúleuma nachträglich verändern konnte, wird hier gleichwohl die enge Verzahnung von Rat und Volksversammlung deutlich. Erst durch das unbedingte Zusammenwirken beider Institutionen wurde die Teilhabe aller Bürger an den politischen Entscheidungsprozessen gewährleistet. Da der Rat in seiner Zusammensetzung ein repräsentatives Abbild des athenischen Bürgerverbandes darstellte, konnte er als Gegengewicht zur Volksversammlung und quasi auch stellvertretend für all diejenigen Bürger fungieren, die oft schon allein aufgrund der weiten Entfernungen innerhalb Attikas nicht regelmäßig an den Volksversammlungen teilnehmen konnten.

Wahrscheinlich übertrug Kleisthenes dem Rat auch ein besonderes Abstimmungsverfahren, das es den Buleuten ermöglichte, einen der Tyrannis verdächtigen Politiker für 10 Jahre des Landes zu verweisen; nach Ablauf dieser Zeit konnte der Verbannte, dessen Vermögen unangetastet blieb, wieder in die Heimat zurückkehren. Da die Abstimmung, bei der mindestens 200 der 500 Buleuten gegen einen solchen Politiker votieren mußten, mittels Tonscherben erfolgte, auf die der Name des zu Verbannenden zu notieren war, wurde das Verfahren *ostrakismós* („Scherbengericht") genannt. In den 80er Jahren des 5. Jahrhunderts ging dieses Verfahren dann vom Rat auf die Volksversammlung über und wurde zu einer scharfen Waffe in den innenpolitischen Auseinandersetzungen. Der Zeitpunkt der Einführung und die genauen Modalitäten des Ostrakismós waren zwar schon in der Antike umstritten; es spricht aber doch manches dafür, schon in Kleisthenes den Urheber zu sehen und von der hier beschriebenen Entwicklung der Verfahrensweise auszugehen. So besehen kennzeichnet auch der Ostrakismós die herausragende Stellung des Rates im neuen politischen Ordnungsgefüge, dessen Bestand es zu stabilisieren und gegen alle Anfechtungen zu verteidigen galt.

Die kleisthenischen Reformen hatten die Stellung des einzelnen Bürgers in der Polis neu bestimmt. Besonders die Aufwertung der Demen und die Konstituierung des Rats der Fünfhundert hatten jedem die Möglichkeit eröffnet, unmittelbar an den politischen Entscheidungen der Polis mitzuwirken. Von *demokratía* war damals allerdings noch nicht die Rede, auch wenn dafür alle entscheidenden Grundlagen nunmehr gelegt und die Bahnen für die zukünftige Entwicklung vorgezeichnet waren. *Isonomía* („gleichmäßige Zuteilung") war das Schlagwort, unter dem eine gleichgewichtige Partizipation aller Bürger am politischen Leben verwirklicht werden sollte. Dieser Begriff knüpfte ganz bewußt an den der solonischen *eunomía* an, der ja noch die nach timokratischen Grundsätzen abgestufte Verteilung politischer Rechte propagierte.

Die solonischen Prinzipien wurden jedoch nicht zur Gänze außer Kraft gesetzt. Die Einteilung der Bürgerschaft in die vier Vermögensklassen wurde beibehalten und der Zugang zu den höchsten Magistraturen der Polis blieb zunächst weiterhin den Angehörigen der beiden obersten Vermögensklassen vorbehalten, in denen auch noch im ausgehenden 6. und im frühen 5. Jahrhundert die alten Adelsfamilien dominiert haben dürften. Nur diese konnten jahrweise in das oberste Führungsgremium der 9 Archonten gewählt werden, um als *Archon Epónymos* („namengebender Beamter" / nach ihm wurde das Amtsjahr benannt / allgemeine öffentliche Aufgaben), als *Basileús* („König" / Kultangelegenheiten), als *Polémarchos* („Feldherr" / militärischer Oberbefehl) oder als einer der 6 *Thesmothétai* („Rechtssetzer" / Richtergremium) Leitungsfunktionen in der Polis zu übernehmen.

Unberührt von den kleisthenischen Neuerungen blieb vorerst auch der Areopag. Diese Ratsversammlung, die nach ihrem Amtssitz auf dem nordwestlich der Akropolis gelegenen Areshügel (*Áreios págos*) benannt war, galt als Wächter der Polis. Dem Areopag oblagen seit altersher die Gesetzesaufsicht, zentrale Gerichtsfunktionen und die oberste Kontrolle über alle öffentlichen Angelegenheiten. Da sich die ca. 200 bis 300 Mitglieder, die dem Areopag auf Lebenszeit angehörten, aus den ehemaligen Archonten rekrutierten, stand folglich auch der Areopag nur den beiden oberen Zensusklassen offen. Kleisthenes hatte diesem machtvollen Rat keine Kompetenzen genommen, ihm aber mit dem Rat der Fünfhundert eine Institution zur Seite gestellt, deren Verankerung im neuen politischen System ein gewisses Spannungsverhältnis zum Areopag mit sich brachte. Bis zur Mitte des 5. Jahrhunderts gestaltete sich das Nebeneinander der zwei Ratsorgane jedoch offenbar weitgehend konfliktfrei.

24

Die zwischen beiden nicht immer leicht zu haltende Balance konnte wohl nur dadurch erreicht werden, daß sich auch der Adel mehrheitlich mit der neuen Ordnung abfand und arrangierte, schließlich auch mit ihr umzugehen lernte. Man ließ sich auf die neuen Bedingungen ein und übte sich im Umgang mit dem neuen Rat und der Volksversammlung. Autorität und Erfahrung der alten Adelsgeschlechter zählten weiterhin, so daß sich auch die breiteren Schichten der athenischen Bürgerschaft ihrer Führung anvertrauten, solange nur die neu geschaffenen politischen Spielregeln eingehalten wurden. Daher lenkten auch in nachkleisthenischer Zeit vorwiegend Angehörige der alten Adelshäuser die politischen Geschicke Athens – aber eben nicht mehr aus eigener Machtvollkommenheit, sondern nur noch im Einvernehmen und mit Zustimmung aller Bürger.

Das, was Kleisthenes 507 v. Chr. ins Werk gesetzt hatte, ließ sich kaum von einem Tag auf den anderen vollenden. Die neue Ordnung wollte erprobt, eingeübt und gegebenenfalls durch Veränderungen den je aktuellen Erfordernissen angepaßt werden. Und dennoch waren die Athener schon ein Jahr später imstande, die erste große Bewährungsprobe erfolgreich zu bestehen. Im Jahre 506 v. Chr. wurde Athen von allen Seiten bedrängt. Die Nachbarstaaten sahen in der politischen Umbruchsituation eine vermeintliche Schwächung Athens, die sie zu ihren Gunsten ausnützen zu können glaubten. Der spartanische König Kleomenes wähnte eine Gelegenheit, die Niederlage von 508 v. Chr. wieder wettzumachen, und unternahm den Versuch, Isagoras gewaltsam nach Athen zurückzuführen, um ihn dort als Tyrannen einzusetzen. Diese militärische Unternehmung scheiterte allerdings bereits im Ansatz. Zwietracht in den eigenen Reihen brachte den Vorstoß schon bei Eleusis zum Stehen und zwang schließlich zur Auflösung des spartanischen Bundesheeres und zum Rückzug. Isagoras wurde von den Athenern in Abwesenheit zum Tode verurteilt, sein Besitz konfisziert.

Im Bunde mit den Spartanern hatten aber auch die Nachbarn im Norden, die Boioter und die mächtige Stadt Chalkis auf der Insel Euboia, gegen Athen mobil gemacht und die

506: Nachbarn greifen an; A. gewinnt

nördlichen Grenzregionen Attikas angegriffen. Hier war es im 6. Jahrhundert zu einer erheblichen Ausweitung der attischen Machtsphäre gekommen, die man nun rückgängig zu machen hoffte. Unter der Herrschaft der Peisistratiden hatte Athen nämlich nicht nur am Hellespont – auf der thrakischen Chersones und in Sigeion – Fuß fassen können, sondern auch die Insel Salamis endgültig dem eigenen Staatsgebiet einverleibt und die Nordgrenze über die Gebirgsketten des Kithairon und Parnes hinaus bis an das Südufer des Asopos ausgedehnt.

Boioter und Chalkidier hatten sich in der Einschätzung der militärischen Abwehrkraft Athens jedoch gründlich getäuscht. Nach dem unerwarteten Rückzug des spartanischen Heeres gingen die Athener mit ihrem gesamten Aufgebot gegen die Angreifer im Norden vor. In kürzester Zeit – angeblich sogar innerhalb eines Tages – konnten sie über ihre Gegner in zwei getrennten Schlachten einen vollständigen Sieg erringen. Um die attische Machtstellung abzusichern, wurden 4000 attische Bürger auf den Ländereien der Chalkidier angesiedelt. Solche athenischen Bürgerkolonien („Kleruchien") wurden ungefähr zur gleichen Zeit auch auf Salamis gegründet und auf den nordägäischen Inseln Lemnos und Imbros, die damals von Miltiades – in Unterscheidung zu seinem Onkel „der Jüngere" genannt – erobert und seinen Landsleuten zur Besiedlung überlassen worden waren. Die Anlage dieser Kleruchien, deren Bewohner athenische Bürger blieben, hatte nicht nur eine strategische, sondern auch eine ökonomische Bedeutung. Tausende von Bürgern konnten mit neuem Ackerland versorgt werden, und Athen gewann zugleich dringend benötigte zusätzliche Anbauflächen zur Versorgung der eigenen Bevölkerung. Das in jenen Jahren entwickelte Kleruchiensystem wurde in der Folgezeit zu einem wichtigen Instrument athenischer Macht- und Wirtschaftspolitik.

Nach ihrem militärischen Erfolg hatten die Athener Hunderte von Boiotern und Chalkidiern gefangen gesetzt und erst gegen immens hohe Lösegeldzahlungen wieder in die Freiheit entlassen. Die eisernen Fesseln, in denen man die Kriegsgefangenen abgeführt hatte, wurden der Stadtgöttin Athena geweiht und demonstrativ auf der Akropolis zur Schau gestellt. Und vom Zehnten des Lösegeldes errichteten die Athener auf der Akropolis ein großes bronzenes Viergespann als weitere Weihung an Athena und versahen es mit einer Inschrift, in der sie ihren Sieg über die Boioter und Chalkidier feierten.

Die Aufstellung dieser monumentalen Weihegaben zeigt, welche Bedeutung die Athener ihren militärischen Siegen beimaßen und welches Selbstbewußtsein sie hieraus schöpften. Die gerade erst neu verfaßte – und in vielem wohl auch noch nicht ganz ausgestaltete – Polis hatte den stärksten Mächten der griechischen Staatenwelt die Stirn geboten. Das nach den kleisthenischen Phylen neu geordnete Heeresaufgebot hatte seine erste Bewährung erfolgreich bestanden und war auch ohne die persische Unterstützung, um die man zunächst nachgesucht hatte, zurechtgekommen. Die Bürgerschaft war imstande gewesen, allein auf sich gestellt die Polis gegen alle Zugriffe von außen zu verteidigen.

Der Wert dieses außenpolitischen Erfolges auch für die Stabilisierung der innenpolitischen Verhältnisse kann kaum überschätzt werden. Die Ereignisse von 506 v. Chr. haben der kleisthenischen Ordnung entscheidend zum Durchbruch verholfen. In den folgenden Jahren scheint es keine offenen politischen Richtungskämpfe mehr gegeben zu haben. Es bestand wohl ein weitgehender Konsens in den Grundfragen, so daß die Verfassung weiter ausgestaltet werden konnte. Im Jahre 501/500 v. Chr. wurde die militärische Kommandostruktur dahingehend verändert, daß an die Spitze der einzelnen Phylenregimenter Strategen gesetzt wurden, die von der Volksversammlung aus einer Gruppe in den Phylen vorbestimmter Kandidaten jährlich gewählt wurden, wobei auch Wiederwahl möglich war. Das militärische Oberkommando verblieb vorerst beim Polemarchen, der sich aber von nun an mit den 10 Strategen ins Benehmen zu setzen hatte. Im gleichen Jahr – vielleicht aber auch schon 504/3 v. Chr. – wurde auch ein Eid eingeführt, mit welchem sich die Ratsherren bei ihrem Amtsantritt verpflichten mußten, nur zum Besten der gesamten Bürgerschaft zu handeln. Die Ratskompetenzen blieben zwar uneingeschränkt, aber die Eidesformel unterstrich doch die starke Stellung der Volksversammlung und die konstitutive Bindung zwischen *bulé* und *ekklesía*.

Die Konsolidierung der neuen Verfassung wurde untermauert von einer Mystifizierung ihrer Anfänge. Es ist erstaunlich, wie schnell der eigentliche Verlauf der Geschehnisse in den Hintergrund trat. Schon im letzten Jahrzehnt des 6. Jahrhunderts wurde in Trinkliedern und Gedichten die Ermordung des Hipparchos durch Harmodios und Aristogeiton (514 v. Chr.) als Ursache für den Sturz der peisistratidischen Tyrannis und als Beginn der Freiheit besungen. Spartas Intervention und auch die Verdienste des Kleisthenes wurden rasch verdrängt. Was zählte, war die Ideologie der Befreiung von der Tyrannis aus eigener Kraft. Harmodios und Aristogeiton, nicht Kleisthenes, wurden als Urheber der *Isonomía* gefeiert.

Sichtbaren Ausdruck fand diese Ideologisierung in einer von dem Bildhauer Antenor geschaffenen Statuengruppe der beiden Tyrannenmörder, die die Athener um 500 v. Chr. auf der Agorá an zentraler Stelle öffentlich aufstellen ließen. Die Statuengruppe wurde zum Sinnbild für die neue Verfassung Athens; und als sie 480 v. Chr. von den Persern als Beutegut verschleppt wurde, ersetzten die Athener sie schon wenige Jahre später durch eine neue, bei den Bildhauern Kritios und Nesiotes in Auftrag gegebene Gruppe. Die Aufstellung der Tyrannenmörderstatuen fügte sich ein in ein umfassendes Bauprogramm, das die Auseinandersetzung mit der peisistratidischen Baupolitik suchte und der neuen politischen Ordnung auch architektonisch einen Rahmen verleihen sollte.

Auf der Akropolis wurde südlich des von den Peisistratiden aus Kalkstein errichteten Athenatempels auf den Fundamenten eines älteren Heiligtums mit dem Bau eines prachtvollen Marmortempels (dem sogenannten „Vor-Parthenon") begonnen. Der von den Tyrannen initiierte gigantische Bau des Olympieions wurde hingegen bewußt nicht mehr weitergeführt; er blieb als Mahnmal tyrannischer Hybris unvollendet liegen und wurde erst – nach mehreren Anläufen in hellenistischer Zeit – unter dem römischen Kaiser Hadrian 131 n. Chr. fertiggestellt.

Zwischen dem Musen- und dem Nymphenhügel westlich des Areopags wurde um 500 v. Chr. für die Tagungen der athenischen Volksversammlung eine aufwendige, „Pnyx" genannte Platzanlage hergerichtet. Zur gleichen Zeit wurde die Westseite der Agorá durch Grenzsteine abgesteckt und formell als öffentlicher Amtsbezirk gekennzeichnet. Hier wurden die ersten neuen Amtsgebäude der athenischen Magistrate und ein Sitzungssaal für den Rat der Fünfhundert erbaut. Der Markt-, Versammlungs- und Festplatz entwickelte sich nun auch zur neuen politischen Mitte Athens.

II. Selbstbehauptung und Erstarken:
Die Zeit der Perserkriege

Der Ionische Aufstand

Im Jahre 499 v. Chr. traf Aristagoras von Milet in Athen ein. Ein Jahr zuvor hatte er sich wegen des Scheiterns einer gegen die Insel Naxos gerichteten Militäroperation mit seinem persischen Oberherrn überworfen. Daraufhin hatte er die ionischen Griechenstädte an der kleinasiatischen Küste zum Aufstand gegen die Perser aufgerufen, die seit 547 v. Chr. ihren Herrschaftsbereich über ganz Kleinasien und schließlich sogar über die Dardanellen hinaus bis nach Thrakien und Makedonien ausgedehnt hatten. Obgleich sich die Rebellion wie ein Flächenbrand ausbreitete, bedurfte Aristagoras weiterer Unterstützung. Daher war er in das griechische Mutterland gereist, um für die Sache der kleinasiatischen Griechen zu werben. Während er in Sparta nur Ablehnung fand, erklärten sich die Athener zur Hilfeleistung bereit und beschlossen die Entsendung von 20 Kriegsschiffen.

Vieles dürfte zusammengekommen sein, was die Entscheidung der Athener beeinflußte: Persien hatte schon seit längerer Zeit dem gestürzten athenischen Tyrannen Hippias in Kleinasien Heimstatt gewährt und die Athener gedrängt, ihn wieder in Athen aufzunehmen. Dieser Druck hatte die antipersischen Ressentiments noch gestärkt, die schon bald nach 508 v. Chr. wachgerufen worden waren, als ein an die Perser gerichtetes Bündnisersuchen der Athener vom Großkönig als Unterwerfungsgeste gedeutet wurde. Ausschlaggebend für den athenischen Entschluß zum Engagement in Kleinasien war aber wohl das militärische und politische Selbstbewußtsein der Athener, das durch die Erfolge über Sparta, Boiotien und Chalkis eine entscheidende Stärkung erfahren hatte. Den Athenern schloß sich dann nur noch das euboiische Eretria mit 5 weiteren Schiffen an.

Die Perser wurden von dem plötzlich ausbrechenden Aufstand offenbar gänzlich unvorbereitet getroffen, so daß sie eine längere Phase der Mobilisierung benötigten; zwischenzeitlich konnten die Aufständischen 498 v. Chr. – gemeinsam mit den athenischen und eretrischen Kontingenten – bis Sardes vorstoßen und die Stadt zerstören. Auf dem Rückzug erlitten sie bei Ephesos jedoch eine erste schwere Niederlage. Gleichwohl weitete sich der Aufstand aus und griff auf die Regionen des Hellespont und auf Lykien, Karien und Zypern über. Athen und Eretria zogen allerdings schon nach einem Jahr ihre Truppen wieder zurück, so daß deren Intervention nur ein kurzes Gastspiel blieb und die weiteren Auseinandersetzungen ganz ohne mutterländische Beteiligung abliefen. Noch drei Jahre konnten sich die Aufständischen behaupten. 494 v. Chr. besiegelte dann aber die vollständige Vernichtung ihrer Flotte bei der kleinen, Milet vorgelagerten Insel Lade und die anschließende Eroberung und Zerstörung von Milet das Ende des Ionischen Aufstandes.

Die kleinasiatische Katastrophe stürzte die Athener aus dem Hochgefühl eigener Stärke in eine tiefe Verunsicherung. Das Scheitern des Aufstandes wurde auch in Athen als Niederlage empfunden. Es war die erste große (außen)politische Schlappe der neu verfaßten Bürgerschaft. Entsprechend empfindlich reagierten die Athener, als im Frühjahr 492 v. Chr. der Dichter Phrynichos mit der Tragödie „Der Fall Milets" (*Milétu Hálosis*) die persische Eroberung dieser Stadt auf die Bühne brachte und alle Zuhörer zu Tränen rührte. Da er mit seinem Stück an ein „häusliches Unglück" erinnert habe, wurde der Dramatiker mit einer hohen Geldstrafe belegt und über das Werk ein Aufführungsverbot verhängt.

Für die Athener konnte kein Zweifel daran bestehen, daß die Perser auf Rache sinnen und sich nicht einfach mit der Wiederherstellung ihrer alten Vorherrschaft begnügen würden.

Marathon und die Folgen

Als Miltiades („der Jüngere") im Sommer 493 v. Chr. auf der Flucht vor den Persern in Athen anlangte, muß er wie ein Vorbote des kommenden Unheils gewirkt haben. Miltiades hatte seine Besitzungen auf der thrakischen Chersones aufgeben müssen, über die er fast ein viertel Jahrhundert geherrscht hatte; und auch die athenischen Klerucheninseln Lemnos und Imbros waren wohl erneut in persische Hand gefallen. Damit hatte Athen überaus wichtige Positionen am Hellespont verloren. In Voraussicht auf die künftige Entwicklung und auch vor dem Hintergrund andauernder Auseinandersetzungen mit der Insel Ägina forcierte bereits damals Themistokles als amtierender Archon des Jahres 493/2 v. Chr. den Ausbau des Piräus zum neuen Hafen Athens und suchte auf eine nachhaltige Stärkung der Schlagkraft der athenischen Flotte hinzuwirken. Er dürfte damit durchaus mit Miltiades auf einer Linie gelegen haben, der nach seiner Rückkehr sehr rasch zu einer politischen Führungspersönlichkeit avancierte. Der in den späteren Quellen behauptete Dissens zwischen beiden Politikern in der Frage der Flottenpolitik ist jedenfalls mehr als fraglich, da auch dem Miltiades aufgrund seiner langjährigen Erfahrungen in der Nordostägäis die Bedeutung maritimer Stärke bewußt sein mußte und er selbst nur wenige Jahre später ein großes Flottenunternehmen leiten sollte.

Aber über die allerersten Anfänge einer neuen Seepolitik war man noch nicht hinausgelangt, als sich die Situation 492 v. Chr. weiter zuspitzte. In einem großen, kombinierten See- und Landunternehmen dehnte der Feldherr Mardonios, ein Schwiegersohn des Großkönigs Dareios, die persische Einflußsphäre erneut über Thrakien hinaus bis nach Makedonien aus und unterwarf auch die Insel Thasos. Vielleicht wäre der Vorstoß sogar noch bis weit nach Griechenland hinein vorangetrieben worden, wenn nicht die gesamte persische Flotte am Berg Athos in einem Sturm zerschellt wäre; mehr als 300 Schiffe wurden zerstört und über 20000 Menschen fanden in der aufgewühlten See den Tod. Das Fiasko am Berg Athos hielt die Perser aber nicht davon ab, ihre Pläne eines Rache- und Eroberungszuges gegen Griechenland weiterzuverfolgen. 491 v. Chr. hatte der persische Großkönig den Griechen ein letztes Ultimatum gestellt und sie durch Gesandte auffordern lassen, ihm Erde und Wasser als Zeichen der Unterwerfung zu übergeben. Während zahlreiche Staaten der Forderung Folge leisteten, weigerten sich vor allem die Spartaner und ihre Verbündeten sowie die Athener, die ja schon einmal nach dem Sturz der Tyrannis ein solches Begehren des Dareios abgelehnt hatten.

In Sparta und Athen wurden die persischen Boten unter Verstoß gegen das Gesandtenrecht sogar umgebracht. Damit waren alle Brücken abgebrochen und der Entschluß zum Widerstand unumkehrbar. Und so harrte man in banger Erwartung des Kommenden, als im Frühjahr 490 v. Chr. die Perser mit großem Aufwand zum Feldzug gegen Griechenland rüsteten. Um nicht erneut am Athosgebirge zu scheitern, hatten sich die Perser für eine Seeroute quer durch die Ägäis entschieden. Unter dem Kommando des Datis und des Artaphernes bewegte sich eine riesige persische Flotte, auf der mehr als 20000 Soldaten und Hunderte von Reitern mit ihren Pferden transportiert wurden, durch die Kykladen hindurch auf das griechische Festland zu. Mit an Bord befand sich auch der greise Hippias, den die Perser nach dem erwarteten Sieg wieder als Tyrannen und als ihren Statthalter in Athen einsetzen wollten.

Unter den Augen der Athener fuhren die Perser unmittelbar an der attischen Ostküste entlang und landeten bei der euboiischen Stadt Eretria, an der sich die Perser wegen der Beteiligung am Ionischen Aufstand ebenfalls rächen wollten. Nach nur sechstägiger Belagerung fiel die mächtige und stark befestigte Stadt und wurde niedergebrannt. Den Athenern stand damit klar vor Augen, was auch sie zu gegenwärtigen hatten. In Erwartung des Kommenden wählten sie Miltiades zu einem ihrer Strategen. Man setzte auf seine langjährigen Erfahrungen im Umgang mit den Persern; und diese Rechnung sollte aufgehen. Obgleich das Oberkommando dem Polemarchen Kallimachos zustand, wurde Miltiades zum entscheidenden Akteur. Als nach der Zerstörung Eretrias die persische Armada im Spätsommer 490 v. Chr. an der Euboia unmittelbar gegenüberliegenden Küste von Marathon anlandete, war es Miltiades, der als Wortführer in der Volksversammlung den Entschluß durchsetzte, noch am gleichen Tag mit dem gesamten Heeresaufgebot auszurücken und sich den Persern bei Marathon entgegenzustellen. Gleichzeitig entsandte man einen Eilboten nach Sparta mit der Nachricht von der Landung der Perser und der dringenden Bitte um rasche Hilfe.

Die Perser hatten ihr Lager auf der nordöstlichen Seite der weit ausladenden Bucht von Marathon aufgeschlagen. Die Athener bezogen im Süden Stellung, wo die Ausläufer des Pentelikongebirges nahe ans Meer heranrücken und nur noch einen recht schmalen Durchgang für den Weg nach Athen freilassen. Hier bot sich eine günstige Gelegenheit, den Persern den Weg zu verstellen. Mehrere Tage lagen sich die Heere gegenüber, ohne daß eine Seite den Angriff vorzutragen wagte. Wieder soll es Miltiades gewesen sein, der seine wankelmütigen Mitstrategen, die eine offene Feldschlacht fürchteten, zum Ausharren bewegen konnte.

Für die Perser verstrich wertvolle Zeit, da sie täglich mit der Ankunft der spartanischen Entsatztruppen rechnen mußten. Daher entschlossen sie sich endlich doch, den Kampf aufzunehmen und gegen die Athener vorzurücken, die durch ein Heeresaufgebot aus dem boiotischen Plataiai Verstärkung erhalten hatten. Trotz großer zahlenmäßiger Überlegenheit hielten die Perser dem Gegenangriff nicht stand und wurden unter starken Verlusten zu ihren Schiffen zurückgedrängt. 6400 Perser sollen in der Schlacht gefallen sein, während die

Athener nur 192 Tote zu beklagen hatten. Die Perser konnten allerdings ihre Flotte weitgehend retten und das Gros ihrer Soldaten auf den Schiffen in Sicherheit bringen. Der Versuch, nach Umfahrung Attikas die Stadt Athen von Westen her unmittelbar anzugreifen, wurde schon bald aufgegeben, da die athenischen Truppen in Eilmärschen von Marathon zurückgeeilt und bei der Stadt erneut in Stellung gegangen waren. Unverrichteter Dinge zog sich die persische Flotte nach Kleinasien zurück.

Den Athenern war zweifellos bewußt, daß mit dem Sieg bei Marathon die Auseinandersetzung mit den Persern noch lange nicht ausgestanden war. Gleichwohl stärkte der ungeahnte Erfolg nicht nur ihr Selbstbewußtsein und ihr Vertrauen in die eigene Kraft, sondern brachte ihnen vor allem auch Ansehen in der griechischen Staatenwelt ein. Den Spartanern, die wegen eines religiösen Festes nicht früher hatten ausrücken können und erst kurz nach der Schlacht in Athen eingetroffen waren, präsentierten die Athener voll Stolz das Schlachtfeld, auf dem sie für ihre Gefallenen einen hoch aufragenden Grabhügel errichteten. In Delphi und Olympia verkündeten reiche Weihgaben aus Athen die Ruhmestat von Marathon, an die zu erinnern die Athener in der Folgezeit nicht müde wurden, um die Rechtmäßigkeit ihrer späteren Machtstellung durch den Verweis auf diese Rettung ganz Griechenlands vor den „Barbaren" zu unterstreichen.

Die Perser dürften die Bedeutung ihrer Niederlage weitaus geringer eingeschätzt haben, zumal sie nicht nur ihre Einflußsphäre in Thrakien und Makedonien wahren konnten, sondern nun auch ihre Vormachtstellung auf die ägäische Inselwelt ausgedehnt hatten. Und es war eigentlich nur eine Frage der Zeit, wann sie erneut versuchen würden, sich auch das festländische Griechenland zu unterwerfen.

Im Hochgefühl ihres Sieges trauten sich die Athener aber allem Anschein nach, solchen Machtambitionen entgegenzuwirken und selber offensiv zu werden. Dem Miltiades, dessen Rat nach seinem Erfolg bei Marathon um so mehr gefragt war, gelang es daher schon im folgenden Frühjahr, die Athener mit dem Versprechen auf reiche Beute für einen Kriegszug gegen die Insel Paros zu gewinnen. Nach allem, was wir wissen, hatte er persönlich noch eine alte Rechnung mit den Pariern zu begleichen. Das Vorgehen gegen Paros entsprach aber eben auch den allgemeinen Interessen Athens, da die persische Präsenz auf den Kykladen unmittelbar vor der eigenen Tür eine dauernde Bedrohung darstellte. Auch dürften die Athener gehofft haben, den Ende der 90er Jahre verlorenen Einfluß in der Nordostägäis wiederzugewinnen. So willigten sie in die Pläne des Miltiades ein und stellten ihm Geld, Soldaten und die größte Flotte zur Verfügung, die sie bis dahin hatten in See stechen lassen: Mit 70 Schiffen war das Kontingent mehr als dreimal so groß wie dasjenige, das 498 v. Chr. zur Unterstützung des Aufstandes der kleinasiatischen Griechen ausgesandt worden war.

Die hoch gesteckten Erwartungen der Athener wurden aber bitter enttäuscht. Möglicherweise konnte Miltiades zwar einige kleinere Kykladeninseln für Athen gewinnen; die Belagerung von Paros aber mußte er nach 26 Tagen ergebnislos abbrechen und kehrte mit leeren Händen nach Athen zurück. Das Charisma des „Siegers von Marathon" hatte schweren Schaden genommen und die Hochstimmung der Athener war rasch verflogen. Seine politischen Gegner nutzten die Gunst der Stunde, strengten einen Hochverratsprozeß an und forderten sogar die Todesstrafe, der Miltiades nur mit knapper Not entging; wenig später aber starb er an den Folgen einer Verletzung, die er sich bei der Belagerung von Paros zugezogen hatte.

Betrug am Volk war dem gescheiterten Strategen im Prozeß vorgeworfen worden. Schon dieser Anklagepunkt ist ein deutliches Zeichen für das gewachsene Selbstbewußtsein und die Ansprüche einer attischen Bürgerschaft, die nicht mehr gewillt war, ihren politischen Führern bedingungslos Gefolgschaft zu leisten. Der Prozeß gegen Miltiades 489 v. Chr. markiert den Beginn erbitterter politischer Auseinandersetzungen, die das Jahrzehnt zwischen Marathon und Salamis beherrschten. Der Kampf einzelner Personen und Gruppen um den bestimmenden Einfluß lebte wieder auf; es ging aber nicht mehr allein um

nach Marathon war Miltiades Held,
nach Paros galt er als Verräter

Beschriftete Tonscherben (Ostraka)
mit den Namen von Aristeides, Komon und Themistokles;
Photo: Archiv für Kunst und Geschichte, Berlin.

die Durchsetzung persönlicher Machtinteressen. Die kleisthenische Ordnung, die – auch institutionell – die Grundlage für
die politischen Entscheidungsprozesse abgab, erzwang eine
stärker an Sachthemen und programmatischen Perspektiven
orientierte Politik. Die Frage des Erhalts und Ausbaus oder der
Rücknahme dieser neuen Ordnung stand dabei ebenso zur
Debatte wie die Gestaltung der außenpolitischen Beziehungen
zur persischen Großmacht, aber auch zur benachbarten Insel
Ägina, der alten Rivalin Athens unmittelbar vor den Toren des
Piräus. Vielfach vermischten sich auch innen- und außenpolitische Aspekte, so daß denjenigen, die sich für einen Ausgleich
mit Persien aussprachen, eine tyrannische Gesinnung nachgesagt wurde; und umgekehrt wurde auch den noch in Athen
verbliebenen Anhängern der Peisistratiden eine propersische
Haltung unterstellt, was nicht verwundern konnte, da die Perser dem alten Tyrannen Hippias Zuflucht gewährt hatten.

Die 80er Jahre wurden zur Bewährungsprobe für die von
Kleisthenes geschaffene isonome Verfassung Athens. In der hitzigen Atmosphäre der politischen Richtungskämpfe wurde das
Ostrakismosverfahren zum wichtigsten Regulativ. Damals
ging dieses Verfahren vom Rat der 500 in die Hände der
Gesamtbürgerschaft über, die damit einen wichtigen Zugewinn

an politischer Mitsprache für sich verbuchen konnte. Jahr für Jahr wurden zwischen 487 und 482 v. Chr. führende Politiker ostrakisiert und von der politischen Bühne verbannt; unter ihnen Xanthippos, der Vater des Perikles, und Aristeides, der später zu den Mitbegründern der athenischen Vormachtstellung gehörte. Bedenkt man, daß eine erfolgreiche Abstimmung an ein Quorum von mindestens 6000 Stimmen gebunden war, so wird die breite Teilnahme der Bürgerschaft und die Intensität deutlich, mit welcher in Athen um die Ausgestaltung der Politik gerungen wurde.

Weitere politische Neuerungen festigten zusätzlich das demokratische Potential, das in der kleisthenischen Ordnung angelegt war: Seit 487 v. Chr. wurden die 9 Archonten nicht mehr gewählt, sondern aus jeweils 100 von den Demen nominierten Kandidaten ausgelost. Zugleich verlor der Archon Polemarchos die militärische Kommandogewalt an die 10 Strategen, während er selbst nur noch für die Ausrichtung der Gedenkfeiern für die im Krieg Gefallenen zuständig war und richterliche Funktionen im Bereich des Fremdenrechtes zu erfüllen hatte. Die Beliebigkeit des Losverfahrens minderte den politischen Stellenwert des Archontenkollegiums und auf Dauer auch des Areopags, der sich ja aus den ehemaligen Archonten zusammensetzte. Zugleich wurde die Stellung der Strategen gestärkt, die auch weiterhin alljährlich durch die Volksversammlung gewählt wurden. Da auch Wiederwahl uneingeschränkt möglich war, entwickelte sich das Strategenamt längerfristig zu einer Schlüsselposition im athenischen Staat, von der aus weit über den militärischen Bereich hinaus Politik betrieben werden konnte.

Diese institutionellen Veränderungen, deren ganze Tragweite die Athener zum damaligen Zeitpunkt vielleicht noch gar nicht absehen konnten, waren wichtige Weichenstellungen für die weitere Ausformung der athenischen Verfassung und stärkten das Gewicht der Gesamtbürgerschaft im politischen Entscheidungsprozeß. Einer der Protagonisten dieser Entwicklung war allem Anschein nach Themistokles. In den Quellen ist zwar kein unmittelbarer Zusammenhang zwischen seiner Person und den verfassungsrechtlichen Änderungen der 80er Jahre nachzuweisen; aber sein Name findet sich sehr häufig auf den Scherben, die in jener Zeit zum Ostrakismos verwandt worden waren und die in den archäologischen Ausgrabungen in Athen in reicher Zahl wieder zu Tage gefördert wurden. Bei diesen Ostrakismosentscheidungen, in denen sich Themistokles stets gegen alle seine Gegner hatte durchsetzen können, ging es der Sache nach eben auch um die innenpolitische Ausrichtung und nicht nur um den außenpolitischen Kurs Athens, den Themistokles nach Ausweis der Quellen auf jeden Fall entscheidend beeinflußte.

In der ersten Hälfte der 80er Jahre überlagerte eine erneute Eskalation des Konfliktes mit der Insel Ägina die athenisch-persischen Spannungen. Da der Großkönig Dareios und nach dessen Tod (486 v. Chr.) sein Nachfolger Xerxes durch Aufstände im Inneren ihres Reiches gebunden waren, drohte den Athenern von persischer Seite zunächst noch keine unmittelbare Gefahr. Aber mit der Insel Ägina kam es zu einem Krieg, der den Athenern schon sehr bald ihre militärische Unterlegenheit zur See klar vor Augen führte. Trotz des Sieges bei Marathon wurde immer deutlicher, daß mit einem herkömmlichen Landheer weder den Ägineten noch gar den Persern wirklich beizukommen war. Es war das Verdienst des Themistokles, dies schon sehr früh erkannt zu haben. Unter dem Eindruck einer wachsenden Einflußnahme Persiens auf die Ägäis und des damit einhergehenden Verlustes der attischen Einflußsphären im Bereich des Hellespont hatte er als Archon bereits 493/2 v. Chr. auf eine Vergrößerung der athenischen Seemacht und den Ausbau des Piräus mit seinen drei großen geschützten Buchten als neuen Hafen gedrängt. Angesichts des Seekrieges mit Ägina unmittelbar vor der attischen Küste und der in Übersee drohenden Persergefahr setzte Themistokles nun alles daran, die Athener für seine alten Flottenpläne zu gewinnen.

In der zweiten Hälfte der 80er Jahre spitzte sich die Lage zu. Nachdem sich die Situation im Inneren des persischen Reiches wieder stabilisiert hatte, begann ab 484 v. Chr. der Großkönig

Xerxes mit einem riesigen Aufwand die Vorbereitungen zu einem neuen Feldzug gegen Griechenland. Ein Kanal wurde quer durch die Athoshalbinsel gebaut, um die Flottenpassage zu erleichtern, nachdem 492 v. Chr. vor der schwer zu umfahrenden Südspitze eine persische Flotte gescheitert war. Für den raschen und reibungslosen Vormarsch eines Landheeres wurden an den Dardanellen Brücken gebaut und bis nach Makedonien hinein Vorratsmagazine angelegt. Diese ungeheuren Rüstungsanstrengungen der Perser mußten damals wie ein dunkler Schatten über der Tagespolitik in Athen gelegen haben.

Da war es eine Gunst der Stunde, daß 483 v. Chr. in den Bergbaugebieten Südattikas (Laureion) neue, sehr ergiebige Silberlagerstätten erschlossen werden konnten, die den Athenern große finanzielle Überschüsse einbrachten. Die Verwendung dieser Überschüsse, die bis dahin stets an alle Bürger verteilt wurden, stellte Themistokles nun vor der Volksversammlung zur Disposition und beantragte, das Geld für den Bau von 200 Schiffen zu nutzen. Das Kernstück dieser neuen athenischen Flotte waren die Triéren. Die Kampfesweise dieser schnellen und wendigen, 37 m langen und nur 5 ½ m breiten Kriegsschiffe bestand darin, mit einem am Bug befestigten bronzenen Rammsporn die feindlichen Schiffe außer Gefecht zu setzen und zu versenken. Es kam vor allem darauf an, sehr schnell eine hohe Geschwindigkeit zu erreichen und geschickt zu manövrieren. Alles hing also von den Ruderern ab, die gut aufeinander eingespielt und daher ständig im Training sein mußten. Die Athener brachten es hier im Laufe der Zeit zu einer unübertroffenen Perfektion. Und so wurde ihre Flotte zum Rückgrat der athenischen Herrschaftspolitik im 5. und 4. Jahrhundert.

In den 80er Jahren mußte aber Themistokles sein Flottenbauprogramm noch gegen erbitterte Widerstände durchsetzen; damals dürften Vorwürfe laut geworden sein, wie sie später der antike Autor Plutarch unter Verwendung eines Platonzitats (Nomoi 706 c) formulierte: Themistokles habe aus standfesten Hopliten Matrosen und Seeleute gemacht und damit seinen

Perser (Xerxes) rüsten gg. Griechenl.

Themistokles baut Flotte aus → mehr Bürger im Wehrdienst → mehr polit. Rechte

Mitbürgern Schild und Speer aus der Hand genommen und das Athenervolk an die Ruderbank gefesselt. Hinter diesen Vorhaltungen verbarg sich die Ahnung um die politische Brisanz des athenischen Beschlusses, militärisch künftighin primär auf die Flotte zu setzen. Denn es ging hierbei um weit mehr als nur die Stärkung einer neuen Waffengattung. Da jede Triére mit 170 Ruderern und einer 30köpfigen Decksmannschaft besetzt war, erforderte der Aufbau der athenischen Flotte eine weitaus größere Zahl von Menschen, als je zuvor zum Kriegsdienst herangezogen worden war.

Mit der festen Integration dieser Bürger in das nun mehr als doppelt so starke attische Wehrpotential wurde auch deren politisches Gewicht größer. Angesichts der im antiken Denken fest verankerten Verbindung von Wehr- und Staatsverfassung dürfte dieser politische Aspekt des themistokleischen Flottenbauprogrammes durchaus gesehen worden sein, wenn auch möglicherweise noch nicht mit aller Konsequenz. Vielleicht aber darf man doch daraus schließen, daß Themistokles in der Stärkung der Gesamtbürgerschaft eine neue politische Chance für Athen, aber auch für sich selbst gesehen hat und daher auch als der eigentliche Initiator der verfassungsrechtlichen Veränderungen der Jahre 487/6 v. Chr. gelten kann, die Ausdruck einer grundlegenden Neuorientierung waren.

Die zweite Bewährungsprobe

Im Spätsommer 481 v. Chr. mußte auch dem letzten Zweifler klar sein, daß eine erneute Konfrontation mit Persien unmittelbar bevorstand. Die Perser hatten ihre mehrjährigen Kriegsvorbereitungen abgeschlossen und in Sardes ein Heer von weit über 100 000 Mann zusammengezogen; darüber hinaus sammelte sich an der kleinasiatischen Küste eine Flotte von mehr als 600 Schiffen. Zugleich wiederholte Xerxes das Spiel seines Vaters Dareios und schickte Gesandte an die griechischen Staaten mit der Forderung nach Wasser und Erde zum Zeichen der Unterwerfung. Die Athener und Spartaner blieben allerdings von dieser diplomatischen Offensive ausgenommen, da

Xerxes fordert gr. zur Unterwerfung auf

sie schon 10 Jahre zuvor die Boten des Dareios umgebracht hatten und auch an ihrer entschieden antipersischen Haltung wohl weiterhin kein Zweifel bestand. Die übrigen griechischen Staaten reagierten wie schon 491 v. Chr. recht unterschiedlich auf die persische Forderung. Erneut zeigten sich die Zerrissenheit und die unterschiedlichen Interessen im griechischen Mutterland. Weite Teile Nord- und Mittelgriechenlands einschließlich des delphischen Orakels und die meisten Inseln, aber auch einige Staaten auf der Peloponnes schlugen sich auf die persische Seite oder verhielten sich zumindest wohlwollend neutral gegenüber den Persern. Es waren daher kaum mehr als 30 Staaten, die sich im Herbst 481 v. Chr. auf Anregung Athens hin unter der Führung Spartas in Korinth versammelten und zu einem antipersischen Verteidigungsbündnis zusammenschlossen. Neben Athen und Sparta mitsamt seinen peloponnesischen Verbündeten gehörten anfangs nur noch einige wenige Poleis aus Mittelgriechenland und von den Kykladen diesem durch einen gemeinsamen Eid verbundenen „Hellenenbund" an; hinzu kam auch noch die Insel Ägina, die ihren Streit mit Athen beilegte. Die vom sizilischen Syrakus und aus Korkyra erwartete Hilfe blieb hingegen aus.

Angesichts des riesigen Militäraufgebotes, das sich im Frühjahr 480 v. Chr. von Kleinasien aus zu Wasser und zu Lande an der thrakischen und makedonischen Küste entlang auf Griechenland zubewegte, mußten die Chancen auf eine erfolgreiche Abwehr der Perser alles andere als aussichtsreich erscheinen. Der anfängliche Plan, bereits an der thessalischen Nordgrenze in der schmalen Schlucht des Tempetals den Persern den Weg zu versperren, wurde sogleich wieder aufgegeben, da die griechischen Stellungen allzu leicht zu umgehen waren. Der Gedanke eines Rückzugs bis an die Landenge von Korinth wurde verworfen, da man Athen nicht kampflos den Persern überlassen wollte. So wurde in Mittelgriechenland eine Verteidigungslinie errichtet, indem der spartanische König Leonidas mit einem vergleichsweise kleinen Kontingent von ca. 7000 Mann den Landweg an den Thermopylen sperrte und zugleich beim Kap Artemision an der Nordspitze Euboias die Seeroute durch

271 Triéren blockiert wurde, von denen Athen weit mehr als die Hälfte unter dem Kommando des Themistokles stellte. Der Hellenenbund entschied sich für die Offensive zur See, während man sich zu Lande eher auf die Defensive verlegen wollte. Die eigentliche Entscheidung fiel aber bei den Thermopylen, nachdem die Perser mit Hilfe eines griechischen Verräters den Paß auf einem Seitenweg hatten umgehen können. Die Niederlage des Spartaners Leonidas bei den Thermopylen bedeutete zugleich auch das Ende der mehrtägigen erbitterten Seekämpfe am Kap Artemision. Da der griechischen Flotte der Rückzug abgeschnitten zu werden drohte, segelte sie eiligst längs der Westküste Euboias nach Süden, um sich bei Salamis neu zu formieren. Zugleich sammelten sich die Landtruppen des Hellenenbundes auf dem Isthmos von Korinth, den sie mit einer Mauer gegen den drohenden Angriff zusätzlich zu sichern suchten.

Die Perser hatten nun ungehinderten Zugang nach Mittelgriechenland; und auch Attika war ihnen schutzlos ausgeliefert. Damit hatten sich die schlimmsten Befürchtungen der Athener erfüllt. Allenthalben machten sich Bestürzung, Angst und Schrecken breit. Und wieder war es Themistokles, der den Athenern Ungeheures zumutete, indem er sie davon überzeugte, alles auf eine Karte zu setzen und die Rettung in der Seeschlacht zu suchen. Um der unaufhaltsam nahenden Gefahr zu entgehen, wurde der Entschluß gefaßt, Haus und Hof zu verlassen und die gesamte Bevölkerung Attikas außer Landes zu bringen. Alle wehrfähigen Männer wurden auf den Kriegsschiffen eingesetzt und die Frauen, Kinder und alten Leute nach Salamis, Ägina und Troizen verbracht.

Währenddessen zogen die persischen Truppen raubend und brandschatzend bis nach Attika, das ihren Plünderungen ungeschützt zum Opfer fiel. Rache für das Niederbrennen der Heiligtümer in Sardes während des ionischen Aufstandes hatten die Perser geschworen und übten nun bittere Vergeltung durch die systematische und vollständige Zerstörung Attikas und insbesondere Athens. Hilflos und zur Untätigkeit gezwungen, mußten die Athener von ihren Zufluchtsorten im Saronischen Golf aus zusehen, wie ihre Stadt in Flammen aufging und ihr Land verwüstet wurde. Weder jemals zuvor noch irgendwann später waren Athen und Attika einer solchen Vernichtungswut ausgesetzt.

Die persische Flotte war gleichzeitig in der Bucht von Phaleron unmittelbar südlich des Piräus und in Sichtweite von Salamis gelandet, wo die griechische Flotte vor Anker lag, die mittlerweile auf über 370 Triéren angewachsen war, von denen immer noch mehr als die Hälfte die Athener stellten. Als die Perser in den Sund vordrangen und die kleine, Salamis vorgelagerte Insel Psyttaleia besetzten, gelang es Themistokles nur mit Mühe, die unter dem Oberbefehl des Spartaners Eurybiades stehenden griechischen Schiffsverbände in Salamis zu halten. Themistokles erkannte die strategischen Vorteile, die die Gewässer zwischen Salamis und dem attischen Festland boten. Er lockte die persischen Schiffe in die Falle. Als diese in den letzten Septembertagen des Jahres 480 v. Chr. zum Angriff übergingen und tiefer in die schmale Meerenge eindrangen, waren die wendigen griechischen Triéren im Vorteil, da die größeren und ungelenkeren persischen Schiffe keine Entfaltungsmöglichkeiten hatten. Einen Tag lang tobte eine erbitterte Seeschlacht, deren Verlauf der Dichter Aischylos, der selbst an den Kämpfen teilgenommen hatte, in seiner 8 Jahre später aufgeführten Tragödie „Die Perser" eindrucksvoll beschrieben hat.

Trotz der vernichtenden Niederlage konnten sich Teile der persischen Flotte nach Kleinasien zurückziehen und bei Samos erneut in Stellung gehen. Der Großkönig Xerxes floh zu Lande nach Sardes, ließ aber sein Heer unter dem Kommando des Mardonios in Griechenland zurück. Da Attika vollständig zerstört war, bezogen die persischen Truppen in Thessalien ihr Winterquartier. Ohne Flottenunterstützung war die Situation für die persische Landarmee überaus prekär, zumal die militärischen Kräfteverhältnisse nun einigermaßen ausgeglichen waren.

Angesichts dieser Lage richteten die Perser alle ihre Bemühungen darauf, den Hellenenbund zu spalten und vor allem

Seeschlacht b. Salamis: mieren praktischer: Sieg über Perser

Athen aus der antipersischen Front herauszubrechen. Ganz aussichtslos waren diese Versuche nicht, da die Verbündeten noch wenig Bereitschaft zeigten, sich über die Isthmosgrenze hinauszuwagen und die in ihre Heimat zurückgekehrten Athener vor einem erneuten Angriff der Perser zu schützen. Und das Angebot, das die Perser unterbreiteten, war durchaus verlockend: Beilegung aller Feindseligkeiten, Freigabe Attikas und die Gewährung voller politischer Freiheit; darüber hinaus wurde den Athenern jede gewünschte Erweiterung ihres Territoriums und Hilfe beim Wiederaufbau der zerstörten Heiligtümer zugesagt. Obgleich in verzweifelter Lage wiesen die Athener das persische Angebot mit Entschiedenheit zurück und flohen zu Beginn des Frühjahrs ein zweites Mal aus ihrer Heimat. Was 480 v. Chr. in Attika noch nicht zerstört wurde, fiel nun 479 v. Chr. der Verwüstung anheim. Nur mit Mühe konnten die Athener ihre Verbündeten schließlich doch zu einer militärischen Intervention bewegen. Unter dem Oberbefehl des Spartaners Pausanias rückte das gesamte Heeresaufgebot gegen die Truppen des Mardonios vor, die sich daraufhin nach Boiotien zurückzogen. Mehrere Wochen dauerten die Kampfhandlungen in der Ebene von Plataiai, bis es zur Entscheidungsschlacht kam, in der das persische Heer eine totale Niederlage hinnehmen mußte.

Der Sieg über die Perser wurde vervollständigt durch die etwa zeitgleiche Vernichtung der persischen Restflotte auf der Samos gegenüberliegenden Mykale-Halbinsel. Schon im Frühjahr 479 v. Chr. war auf Betreiben des Themistokles ein griechischer Flottenverband unter dem Oberbefehl des Spartaners Leotychidas in die Ägäis entsandt worden. Allerdings waren die Griechen zunächst nicht bereit, zum Angriff gegen die Perser überzugehen. Sie rückten zum Schutz des Mutterlandes nur bis Delos vor. Zögerlich gaben sie dann aber dem Drängen vor allem der Samier nach und griffen am Fuß des Mykalegebirges erfolgreich die dort verschanzten persischen See- und Landstreitkräfte an.

Dieser Vorstoß über die Ägäis hinweg markierte einen Wendepunkt in der Politik des Hellenenbundes. Man war von der

479: Hellenen besiegen Perser
endgültig bei Plataiai
→ von d. Offensive in die Offensive

r. d. regen befreite Kleinstaaten erwarten
Schutz v. Hellenenbund → Sparta dagegen

Defensive in die Offensive gegangen. Damit stellte sich die Frage nach den politischen Zielsetzungen des Bundes, der sich ja eigentlich nur der Abwehr der persischen Angriffe verschrieben hatte. Nun aber wurde man mit den Erwartungen der griechischen Städte an der kleinasiatischen Küste und auf den vorgelagerten Inseln konfrontiert, die reihenweise von den Persern abfielen und auf den Schutz ihrer Freiheit durch den Hellenenbund hofften. Als auf Samos über das Beitrittsersuchen dieser Staaten zum Hellenenbund beraten wurde, zeigten sich jedoch in aller Deutlichkeit die ganz unterschiedlichen Auffassungen der Bündner über das weitere Vorgehen. Die Spartaner wandten sich kategorisch gegen jedes weitere militärische Engagement in der Ägäis und plädierten für eine Umsiedlung aller Griechen aus Kleinasien ins griechische Mutterland. Die Athener traten hingegen mit aller Entschiedenheit für den Erhalt und Schutz der kleinasiatischen Griechenstädte ein. Das Ergebnis dieser „Samos-Konferenz" war ein Kompromiß: Die Inselstaaten wurden in den Bund aufgenommen; das Verhältnis zu den Küstenstädten wurde aber in der Schwebe gehalten.

Die Athener wollten sich mit dieser Lösung nicht zufrieden geben und boten sich daher den kleinasiatischen Poleis als Schutzmacht an. Bis dahin hatten sie sich stets dem Oberbefehl der Spartaner unterstellt, obgleich sie die Hauptlast der Perserkriege getragen hatten und die athenischen Kontingente – zumal zur See – beim militärischen Gesamtaufgebot des Hellenenbundes den Ausschlag gaben. Jetzt aber beschritten sie eigene Wege. Während Leotychidas mit den peloponnesischen Schiffsverbänden nach Griechenland zurückkehrte, belagerten die Athener im Winter 479/8 v. Chr. mit Unterstützung ionischer und hellespontischer Griechen erfolgreich die persische Garnison in Sestos. Mit dieser Aktion legten sie den Keim, aus dem sich nur ein Jahr später ein umfassendes Bündnissystem entwickelte, das die Grundlage der athenischen Macht im 5. Jahrhundert bilden sollte.

Der Verlauf der Samos-Konferenz und die Belagerung von Sestos waren erste Anzeichen für einen aufkommenden Anta-

A - a. Sparta uneinig : 1. Schutzmacht
1. Kleinas. Staaten \ Sparta wendet sich
\ „Samos - Konferenz") ab.

45

gonismus zwischen Athen und Sparta. Die Erfolge in den Perserkriegen hatten das Selbstbewußtsein der Athener gefestigt, und ihr kompromißloser Einsatz für die gemeingriechische Sache im Kampf gegen die Perser hatten ihnen bei den übrigen Hellenen großes Ansehen verschafft. Diese Stimmungslage wußten die Athener zu nutzen, um sich gegenüber Sparta zu emanzipieren und den eigenen politischen Handlungsspielraum zu vergrößern. Das zeigte sich auch, als die Athener 479/8 v. Chr. – unmittelbar nach der Vertreibung der Perser – gegen den erklärten Willen Spartas ihre Stadt und den Piräus mit Mauern umgaben und zu einem festen Bollwerk auszubauen begannen. Die protestierenden Spartaner wurden zunächst hingehalten und dann vor vollendete Tatsachen gestellt. Zu einem offenen Bruch wollten es beide Staaten noch nicht kommen lassen; es blieb aber doch – wie der athenische Historiker Thukydides in seinem Werk über den Peloponnesischen Krieg schreiben sollte – „eine heimliche Verstimmung".

Der Griff nach der Hegemonie

Eine politische Wende brachte das Winterhalbjahr 478/7 v. Chr. Zuvor hatte eine griechische Flotte unter dem Oberbefehl des Spartaners Pausanias Zypern und Byzantion der Perserherrschaft entrissen. Das selbstherrliche und ruhmsüchtige Gebaren, das Pausanias in Byzantion an den Tag legte, bestärkte das antispartanische Ressentiment der ionischen Griechen, die neben den Athenern einen entscheidenden Anteil am Erfolg der Flottenexpedition 478 v. Chr. gehabt hatten. Schon ein Jahr zuvor hatten die Debatten und Entscheidungen der Samos-Konferenz das geringe Interesse Spartas am Schicksal der kleinasiatischen Griechen deutlich werden lassen. Nun bewirkte das Verhalten des Pausanias, der sich wie ein persischer Despot aufführte, einen endgültigen Stimmungsumschwung. Die ionischen Griechen, allen voran die mächtigen Inselstaaten Chios und Samos, erzwangen die Übertragung des Oberbefehls auf den Athener Aristeides, der die attischen Schiffskontingente kommandierte.

Aristeides war wie viele der in den politischen Auseinandersetzungen der 80er Jahre Ostrakisierten 480 v. Chr. im Zuge einer Generalamnestie nach Athen zurückgekehrt und hatte sich seitdem führend am Kampf gegen die Perser beteiligt. Nun nutzte er die ihm angetragene Stellung, um für Athen ein ganz neues Bündnissystem mit weitaus festeren Organisationsstrukturen aufzubauen, als sie der Hellenenbund besaß. Die Grundlage hierfür bildeten zweiseitige, zeitlich unbefristete Verträge, die Athen mit zahlreichen ägäischen Insel- und Küstenstaaten abschloß. Diese Verträge verpflichteten zur gegenseitigen Hilfeleistung und zur Anerkennung der „gleichen Freunde und Feinde". War hiermit zunächst zweifellos eine klare Frontstellung gegenüber Persien gemeint, ließ diese Vertragsklausel aber doch die Zielsetzungen des neuen Bündnissystems grundsätzlich offen. So bekamen die Athener, denen auch der militärische Oberbefehl zu Wasser und zu Lande zugestanden wurde, ein Herrschaftsinstrument in ihre Hand, das sie gegebenenfalls auch gegen andere Gegner richten konnten.

Das Rückgrat des Bundes bildeten Mitgliedsbeiträge (*phóroi*), die in eine Bundeskasse flossen, die von 10 athenischen Schatzmeistern (*hellenotamíai*) verwaltet wurden und dem Bau und Unterhalt der Bündnerflotte dienen sollten. Daher waren Geldzahlungen quasi als Kompensationsleistung nur von den Bündnern zu leisten, die nicht imstande waren, eigene Schiffskontingente zu stellen, wie dies Thasos, Chios, Samos und manche andere Seemacht zumindest in den Anfangsjahren des Bundes taten. Aristeides hatte die jährlichen Matrikelbeiträge auf 460 Talente festgesetzt; das waren fast 12 000 kg Silber und entsprach mehr als 5 Mio. Tageslöhnen eines athenischen Handwerkers – eine stolze Summe, aber immer noch weniger als der Tribut, den allein die persische Satrapie in Kleinasien jährlich an den Großkönig abzuliefern hatte. Die Bundeskasse wurde im Apollonheiligtum auf Delos etabliert, das allen ionischen Griechen als Kultzentrum galt. Hier tagte auch die Bundesversammlung, in der jeder Mitgliedsstaat über eine Stimme verfügte, faktisch aber Athen von Anfang an dominiert haben dürfte, da es mit den Stimmen seiner „kleineren" Verbündeten

47

die „Mittelmächte" majorisieren konnte und über das mit Abstand größte Militärpotential verfügte.

Was Aristeides 478/7 v. Chr. ins Werk gesetzt hatte, wird heute gemeinhin als „attischer Seebund" oder auch – mit Bezug auf den Zentralort – als „delisch-attischer Seebund" bezeichnet. Fraglich bleibt, ob mit dessen Gründung zugleich auch die Auflösung des Hellenenbundes einherging oder ob dieser zumindest formal noch weiterbestand, bis 461 v. Chr. der endgültige Bruch zwischen Sparta und Athen vollzogen wurde. Die Eindämmung der immer noch bedrohlichen Persergefahr und die Befreiung und den Schutz der kleinasiatischen Griechenstädte hatten die Spartaner jedenfalls schon damals ganz den Athenern und ihrem neuen Seebund überlassen.

In den nächsten beiden Jahrzehnten ist die Politik Athens fest mit dem Namen des Kimon, des Sohnes des Marathonsiegers Miltiades, verbunden. Er stellte alle anderen Politiker, die sich bis dahin im Kampf gegen die Perser hervorgetan hatten, weit in den Schatten. Aristeides, der Baumeister des Seebundes, verlor in den folgenden Jahren offenbar ebenso rasch an Einfluß wie Themistokles, der Ende der 70er Jahre sogar einem Ostrakismós zum Opfer fiel und nach längeren Irrwegen schließlich beim persischen Großkönig in Kleinasien Zuflucht fand.

Kimon prägte die athenische Außenpolitik in den 70er und 60er Jahren so nachhaltig, daß diese Zeit heute auch als die „kimonische Ära" bezeichnet wird. Er führte den Seebund von Erfolg zu Erfolg: Die letzte persische Garnison auf dem europäischen Festland wurde aus dem thrakischen Eion vertrieben und die Offensive gegen die Perser schließlich sogar bis nach Karien und Lykien getragen. Einen Glanzpunkt der militärischen Aktionen des Kimon bildete in der ersten Hälfte der 60er Jahre die vollständige Vernichtung einer kombinierten persischen See- und Landstreitmacht an der Mündung des Eurymedon in Pamphylien. Damit waren alle persischen Versuche einer Gegenoffensive gescheitert.

Die eigentliche Stoßrichtung der athenischen Seebundspolitik war vorderhand gegen Persien gerichtet. Aber schon die ersten Unternehmungen hatten auch eine enge Verquickung mit ausgeprägten Eigeninteressen Athens deutlich werden lassen. Schon die Ansiedlung athenischer Kleruchen in Eion (476 v. Chr.) und dann vor allem die Eroberung der östlich von Euboia gelegenen Insel Skyros (475 v. Chr.) und die zwangsweise Eingliederung der südeuboiischen Stadt Karystos in den Seebund (470 v. Chr.) dienten ganz offensichtlich in erster Linie dem Ausbau der athenischen Einflußsphäre. Die Gründung einer Kleruchie auf Skyros war das letzte Bindeglied in der bis zum Hellespont reichenden Kette athenischer Klerucheninseln, welche die für die Stadt lebenswichtige Seehandelsroute zum Schwarzen Meer sicherte; und mit Karystos erhielt Athen einen strategisch günstigen Platz zur Kontrolle der südöstlichen Ägäis.

Da die Athener den Seebund zunehmend für die Durchsetzung primär eigener Interessen in Dienst nahmen, waren längerfristig Konflikte mit den Bündnern vorprogrammiert, auch wenn diese vorerst noch keine Alternative zu Athen besaßen. Das änderte sich, als nach der Doppelschlacht am Eurymedon für viele Bündner die unmittelbare Bedrohung durch die Perser gebannt und damit der eigentliche Zweck des Seebundes erreicht zu sein schien. Bereits der letztlich erfolglose Abfall von Naxos (467/6 v. Chr.) hatte den Unwillen mancher Bündner über die athenische Machtpolitik signalisiert; ein Jahr später revoltierte auch Thasos und konnte erst nach drei Jahren wieder in den Seebund gezwungen werden. Beide Staaten mußten ihre Flotte ausliefern und fortan hohe Tribute in die Seebundskasse zahlen. Das harte Vorgehen der Athener ließ keinen Zweifel mehr an ihrer Entschlossenheit, den Seebund als entscheidendes Instrumentarium zur Durchsetzung ihrer Machtambitionen nicht mehr aus den Händen zu geben.

att. ursprüngl. gg. Perser. Als diese endgültig geschlagen sind, nutzt Athen Bund Bund sich aus → Bündner z.T. wollen sich absetzen

III. Herrschaft und Demokratie:
Athen zur Zeit des Perikles

Kimon hatte mit seiner Machtpolitik lange Zeit die Zustimmung einer breiten Mehrheit der athenischen Bürgerschaft gefunden. Ende der 60er Jahre trat allerdings ein Stimmungsumschwung ein: Außen- und innenpolitische Aspekte vermengten sich dabei auf eine heute nicht mehr zu durchschauende Weise. Ausschlaggebend scheint das Verhältnis zu Sparta gewesen zu sein. 465/4 v. Chr. hatten die Spartaner eine klare Frontstellung gegenüber Athen bezogen, als sie ein Hilfesuchen der von Kimon belagerten Thasier akzeptierten und mit einem Entlastungsangriff auf Attika drohten. Dieser Angriff gelangte allerdings nicht zur Ausführung, da nach einem verheerenden Erdbeben ein Helotenaufstand in Messenien die staatlichen Grundfesten Spartas erschütterte. Um der Lage Herr zu werden, wandten sich die Spartaner in ihrer Not auch an die Athener mit der Bitte um Unterstützung. Kimon, auf einen Interessensausgleich mit Sparta bedacht, konnte nur gegen erheblichen Widerstand in der Volksversammlung die Entsendung eines athenischen Hoplitenaufgebotes durchsetzen. Die Gegner dieser spartafreundlichen Politik gewannen jedoch an Zuspruch. Zielscheibe der Kritik war der Areopag, dessen Mitglieder allem Anschein nach zu den entscheidenden Befürwortern der kimonischen Politik zählten und denen aufgrund der geltenden Verfassungsform nur schwer beizukommen war.

So kamen auch verfassungspolitische Perspektiven mit ins Spiel. Die politischen Vorrechte des Areopags wurden zur Disposition gestellt. Forderungen in diese Richtung waren wohl auch schon früher laut geworden. Die staatlichen Aufsichtsfunktionen des Areopags mußten vielen Bürgern überkommen erscheinen, nachdem die Reformen der kleisthenischen Zeit und der 80er Jahre im Wechselspiel mit den großen außenpolitischen Erfolgen den Willen der Gesamtbürgerschaft gefestigt hatten, die politische Entscheidungsgewalt voll und ganz in die eigenen Hände zu nehmen. 462/1 v. Chr. wurden dem Areopag alle Kontrollrechte im Bereich der Gesetzgebung und der Exekutive entzogen und auf den Rat der 500, die Volksversammlung und das Volksgericht verlagert; dem Areopag blieben nur noch Funktionen im Sakralbereich und mit der „Blutgerichtsbarkeit" richterliche Kompetenzen bei bestimmten Mord- und Tötungsdelikten.

Protagonisten dieser Entmachtung des Areopags und Wortführer eines entschieden antispartanischen Kurses waren Ephialtes und Perikles, die heftige Richtungskämpfe unter den Athenern entfesselten. Kimon, der die Militärexpedition nach Messenien wegen eines Gesinnungswandels der Spartaner erfolglos abbrechen mußte, wurde nach seiner Rückkehr ostrakisiert; und sein politischer Gegenspieler Ephialtes fiel einem Mordanschlag zum Opfer. Damals kam auch zum ersten Mal – zunächst wohl durchaus als politischer Kampfbegriff – das Schlagwort von der *demokratía* („Herrschaft des Volkes", „Volksgewalt") auf, das künftighin zur typologischen Bezeichnung der Verfassungsform wurde, die in Athen mit den Ereignissen von 462/1 v. Chr. endgültig ihre grundlegende Ausformung erhalten hatte. Für fast eineinhalb Jahrhunderte lag nun alle politische Gewalt uneingeschränkt und ungeteilt in den Händen der gesamten athenischen Bürgerschaft, zumal nachdem Perikles durch die Einführung von Diätenzahlungen jedem Bürger die Teilnahme am Rat und an den Gerichten ermöglicht und 457/6 v. Chr. der dritten Zensusklasse und wohl bald darauf auch den Theten den Zugang zu den Archontenämtern geöffnet hatte.

Kimon verbannt, anti-spartan. Perikles führt Diäten ein u. läßt alle in die Ämter

Die Etablierung der Herrschaft

Mit der Ostrakisierung Kimons und der endgültigen Aufkündigung des Hellenenbundes hatten die Athener 461 v. Chr. den Bruch mit Sparta besiegelt und betrieben von nun an auf dem griechischen Festland eine aktive antispartanische Politik. Damit begaben sie sich in eine doppelte Frontstellung, da sie zugleich auch aus der Schwäche des durch Unruhen und Revolten angeschlagenen Perserreiches außenpolitisches Kapital zu

461 endgültiges Bruch m. Sparta, milit. Aktivitäten, Machtwille

schlagen suchten und neue Offensiven in Übersee starteten. Die 50er Jahre wurden von einer geradezu fieberhaften außenpolitischen Aktivität Athens sowohl im Mutterland wie auch im gesamten östlichen Mittelmeerbereich geprägt; und selbst die westgriechische Staatenwelt in Unteritalien und Sizilien geriet damals zunehmend in den Blick Athens.

Die in Stein gehauenen Listen der Gefallenen legen noch heute ein beredtes Zeugnis ab von den weit gespannten militärischen Unternehmungen jener Kriegsjahre, aber auch von den großen Verlusten, die die Athener hinzunehmen bereit waren, um ihrem ungebrochenen Herrschaftswillen strikte Geltung zu verschaffen. Zum sichtbaren Ausdruck ihres Machtwillens wurde der Bau der mehr als 7 km langen Schenkelmauern, mit denen die Athener ab 460 v. Chr. ihre Stadt und den Piräus verbanden und zu einer uneinnehmbaren Festung ausbauten.

Der Antagonismus zwischen Athen und Sparta, der sich spätestens seit 479 v. Chr. abzeichnete, nahm nach 461 v. Chr. feste Gestalt an. In Griechenland waren die alten Mächtekonstellationen ins Wanken geraten. Durch Bündnisse mit Thessalien sowie mit dem spartanischen Erzrivalen Argos und dem ehemals mit ihnen verfeindeten Megara suchten die Athener den Einfluß Spartas und auch Korinths zurückzudrängen. Ein Versuch, unmittelbar auf der Peloponnes in der südlichen Argolis Fuß zu fassen, schlug zwar fehl, aber es gelang, zumindest Troizen auf die athenische Seite zu ziehen. Und auch die Insel Ägina, mit der die Athener erneut in Streit lagen, mußte sich 456 v. Chr. nach dreijähriger Belagerung ergeben und dem attischen Seebund mit der Verpflichtung beitreten, einen ungeheuer hohen Jahrestribut von 30 Talenten zu zahlen. Die wichtigsten Entscheidungen fielen allerdings in Mittelgriechenland. Hier hatten die Spartaner 457 v. Chr. mit einem außergewöhnlich großen Truppenaufgebot in einen Konflikt der Nachbarstaaten Phokis und Doris eingegriffen. Aus Furcht vor einem Erstarken des spartanischen Einflusses in den Regionen nördlich von Attika verlegten die Athener den Spartanern den Rückweg zur Peloponnes und eröffneten beim boiotischen Tanagra

neue Bündnisse im att. Seebund
457 52 Spartaner in Mittelgr.: Athener greifen an

eine Feldschlacht, in welcher sie jedoch eine vernichtende Niederlage hinnehmen mußten. Kaum zwei Monate später erschienen die Athener aber wider Erwarten erneut in Boiotien, besiegten bei Oinophyta unweit von Tanagra den boiotischen Heerbann und brachten damit fast ganz Mittelgriechenland unter ihre Kontrolle.

Die Athener gaben sich aber mit diesen Erfolgen noch nicht zufrieden; man wollte Sparta im Kern treffen und vor allem gegenüber Korinth die eigene Stellung im Westen festigen. Diesem Ziel diente 455 v. Chr. eine Flottenexpedition unter der Führung des Tolmides, an die sich ein oder zwei Jahre später eine weitere von Perikles geleitete Unternehmung anschloß. Teile der lakonischen Küste wurden verwüstet und die spartanischen Schiffsarsenale in Gytheion zerstört. Die Eroberung der Inseln Zakynthos und Kephallenia und einiger Küstenorte an der Nordseite des korinthischen Golfs sowie der Anschluß Achaias sicherten die athenische Position nun auch in dieser Region, die quasi das Tor nach Italien und Sizilien bildete und bis dahin weitgehend unter dem Einfluß Korinths gestanden hatte.

Die militärischen Erfolge in der ersten Hälfte der 50er Jahre hatten den Athenern auf dem griechischen Festland eine Machtstellung verschafft, die sie weder jemals zuvor noch irgendwann später wieder erlangt hatten. Ihr Einflußbereich reichte von den Thermopylen bis an den Korinthischen Golf und umfaßte mit Achaia, Argos und Troizen sogar Teile der Peloponnes. Gleichzeitig waren die Athener eifrig darum bemüht, die Herrschaft des Seebundes in der Ägäis auf Kosten Persiens weiter auszudehnen. Mit einer großen Flotte hatten sie 460 v. Chr. Zypern und die Levanteküste angegriffen und waren von dort nach Ägypten hinübergesegelt, um die Rebellion des libyschen Königs Inaros gegen die persische Oberherrschaft zu unterstützen. 6 Jahre zogen sich die erbitterten Kämpfe hin, die von beiden Seiten mit einem überaus großen Aufwand betrieben wurden.

Mit der Schnelligkeit und den Dimensionen der athenischen Machtexpansion verband sich aber zugleich auch das Problem

455 korinth. Gebiete im Westen erobert
A. auf d. Höhepunkt seiner Macht
460 anti-pers. Unternehmungen

53

des Machterhalts und der Machtsicherung. Schon 454 v. Chr. zeigte sich, daß die Athener ihre Kräfte weit überspannt hatten und ihre hoch gesteckten Ziele letztlich nicht erreichen konnten: Ein Angriff auf Thessalien erwies sich als Fehlschlag, und das Engagement in Ägypten endete in einer Katastrophe. 250 Schiffe samt Mannschaften wurden im Nildelta von den Persern vernichtet. Ein ungeheurer Aderlaß, von dem sich Athen nur schwer erholte. Die folgenden Jahre waren daher von einer außenpolitischen Stagnation gekennzeichnet. Ein Einlenken und eine Neuorientierung waren gefragt.

In dieser Situation gelang es Kimon, der 451 v. Chr. aus dem Exil heimgekehrt war, einen 5jährigen Waffenstillstand mit Sparta zu vermitteln. Gelöst waren damit die Spannungen in Griechenland noch lange nicht; Athen hatte aber den Rücken frei, um abermals den Kampf gegen Persien zu forcieren. Noch im gleichen Jahr (451 v. Chr.) konnte Kimon die Athener für eine erneute Flottenexpedition nach Zypern und Ägypten gewinnen. Daß die Athener trotz des Desasters in Ägypten wenige Jahre zuvor dieses Unternehmen wagten und 200 Triéren bereitstellten, zeigt ihren ungebrochenen Herrschaftswillen und die Entschlossenheit, ihre Machtansprüche um jeden Preis durchzusetzen. Es war dies eine Haltung, die für das außenpolitische Gebaren der athenischen Volksversammlung auch späterhin charakteristisch sein sollte. In Zypern konnten die Athener ihren Kriegszug schließlich doch zu einem erfolgreichen Ende bringen, obgleich sie die Belagerung von Kition ergebnislos hatten abbrechen müssen, da Kimon währenddessen gestorben war. Auf dem Rückweg errangen sie an der zyprischen Ostküste bei Salamis einen glänzenden Sieg über die persischen See- und Landstreitkräfte.

Der Tod Kimons bezeichnete eine Wende in der athenischen Persienpolitik. Die Fürsprecher eines Ausgleichs mit Persien, unter ihnen auch Perikles, gewannen die Oberhand; und so kam 449/8 v. Chr. durch Vermittlung des Atheners Kallias ein Verständigungsfriede („Kallias-Friede") zustande. Der Großkönig verzichtete auf alle militärischen Aktionen in der Ägäis

451
→ wieder Flottenexp. nach Zypern u. Ägypten
→ Sieg über Perser. Kimon tot → 449/8 handelt
antipeks. Perikles "Kallias-frieden" m. P. aus

und an der westkleinasiatischen Küste und im Gegenzug an-
erkannten die Athener die persische Oberhoheit über Ägypten,
Zypern und die Levante. Das war zwar kaum mehr als eine
Festschreibung des Status quo; die Regelungen entsprachen
aber den Zielsetzungen der Politik des Perikles. Ihm ging es
nicht mehr um eine unbedingte Ausdehnung der athenischen
Herrschaft, sondern zunächst um die Wahrung des Erreichten
und eine Bestandssicherung. In diesem Zusammenhang sind
auch seine Bemühungen zu sehen, alle griechischen Staaten zu
einem panhellenischen Kongreß in Athen zusammenzurufen,
um die Grundlagen einer umfassenden, gemeinsamen Friedensordnung zu beraten.

Der Plan scheiterte vor allem am Widerstand der Spartaner,
die nicht gewillt waren, die athenische Machtstellung in der
damals existierenden Form festschreiben zu lassen. Erst nachdem Athen 447/6 v. Chr. seinen Einfluß in weiten Teilen
Mittelgriechenlands und in Megara eingebüßt hatte, fand sich
Sparta zu einem Übereinkommen bereit. Ein auf 30 Jahre
angelegter Friedensvertrag zwischen Athen und Sparta setzte
446/5 v. Chr. einen vorläufigen Schlußstrich unter die fast zwei
Jahrzehnte während Auseinandersetzungen zwischen den
beiden Mächten, die heute oft auch als der „Erste Peloponnesische Krieg" bezeichnet werden. Athen gab alle territorialen
Zugewinne in der Peloponnes auf; im übrigen aber akzeptier-
ten und garantierten beide Vertragspartner den Bestand ihrer
Bündnissysteme. Streitigkeiten würde man künftighin durch
Schiedsgerichte und nicht mit Waffengewalt lösen.

Zieht man eine Bilanz der letzten 15 Jahre und fragt nach
Gewinn und Verlust für Athen, so wird man aus der Perspek-
tive von 455 v. Chr. von Verlust sprechen müssen; verloren war
jedoch nur, was ohnehin nicht auf Dauer zu halten war. Aufs
Ganze besehen aber war der Friedensschluß für Athen durch-
aus ein Gewinn. Der athenische Seebund und damit auch die
Hegemonialstellung Athens zur See waren nun auch „offiziell"
von Sparta anerkannt worden. Auf diese Weise hatte sich
Athen den notwendigen Handlungsspielraum eröffnet, um das
Machtgefüge des Seebundes neu zu konsolidieren, das ins-

446/5 Friedensvertrag Athen / Sparta
→ A. hat zwar Gebiete verloren, aber
Anerkennung seiner Hegemonialstell. gewonn.

besondere nach dem Ausgleich mit Persien brüchig geworden war.

Bereits 454 v. Chr. – vielleicht vor dem Hintergrund der Ägyptenkatastrophe, möglicherweise aber auch schon aufgrund früherer Entscheidungen – hatten die Athener grundlegende Veränderungen in der Organisationsstruktur ihres Seebundes vorgenommen. Die Bundeskasse war nach Athen verbracht und unter den Schutz der Stadtgöttin Athena gestellt worden, an deren Tempelschatz fortan ein Sechzigstel aller Bundesbeiträge abgeführt werden mußte. Demonstrativ errichteten die Athener auf der Akropolis große, zum Teil mehrere Meter hohe steinerne Stelen, auf denen ab 454/3 v. Chr. Jahr für Jahr die Abgaben an die Göttin verzeichnet wurden („attische Tributlisten"). Mit der Verlagerung der Bundeskasse war auch die Bundesversammlung in Delos aufgelöst und das alleinige Entscheidungsrecht in allen Bundesangelegenheiten auf die athenische Volksversammlung übertragen worden; darüber hinaus wurde Athen zum alleinigen Gerichtsstand für alle schwerwiegenden Straftaten, die im Bundesgebiet begangen wurden. Damit waren erste Schritte getan, den athenischen Seebund in ein athenisches Seereich umzugestalten und aus den Bündnern Untertanen zu machen. In den nächsten Jahrzehnten verfolgten die Athener diesen Weg konsequent weiter, wenn auch in der perikleischen Zeit allem Anschein nach zunächst noch in moderateren Formen als dann in der Zeit des Peloponnesischen Krieges. Per Gesetz wurde das Münz- und Maßsystem im gesamten Bundesgebiet vereinheitlicht. Jede Bündnerpolis wurde verpflichtet, an den Großen Dionysien und den Panathenäen in Athen teilzunehmen und zur Ausrichtung dieser Feste durch besondere Abgaben beizutragen. An den Großen Dionysien wurde auch die jährliche Übergabe der Tribute zelebriert, indem vor den Augen der im Theater versammelten Zuschauer hunderte von Gefäßen – jedes gefüllt mit 26 kg Silber von den Bündnern – in der Orchestra aufgereiht wurden: Machtdemonstration und Zwang zur Integration in einem. Zur Sicherung ihrer Herrschaft mischten sich die Athener auch direkt in die inneren Angelegenheiten einzelner Bündner ein; genehme Regierungen wurden an die Macht gebracht und athenische Aufsichtsbeamte den Behörden zur Seite gestellt. Besatzungstruppen wurden in vielen Städten stationiert und die Gründung athenischer Kleruchien systematisch vorangetrieben.

In Athen stieß diese Machtpolitik kaum auf Widerspruch. Die Vorteile standen jedermann nur allzu deutlich vor Augen, und niemand wollte sie aus der Hand geben. Der Bau und der Unterhalt der Kriegsflotte sowie der Ruderdienst verschafften vielen Athenern ein gutes Einkommen, das durch die regelmäßigen Zahlungen der Bündner gesichert war. Tausende Bürger fanden in den auswärtigen Kleruchien Athens eine neue Heimat, die ihnen Haus und Hof und hinreichend Ackerland bot. Wirtschaft und Handel innerhalb des Seebundsgebietes blühten; und die Einnahmen aus den Zöllen und Hafengebühren mehrten den Reichtum der Stadt und ihrer Bürger. Der Ausbau Athens nicht nur zum neuen Machtzentrum, sondern auch zur kulturellen Mitte ganz Griechenlands festigte die Stellung des Perikles. Herrschaftspolitik und Demokratie waren eine untrennbare Verbindung eingegangen und boten oppositionellen Kräften nur wenig Ansatzpunkte. Nach der Ostrakisierung seines schärfsten Widersachers Thukydides – dem Sohn des Melesias, einem Namensvetter des berühmten Geschichtsschreibers – im Jahre 443 v. Chr. konnte Perikles seine führende Stellung in Athen unangefochten behaupten und wurde in den folgenden 15 Jahren von der Volksversammlung alljährlich als Stratege wiedergewählt, was den Historiographen Thukydides zu dem Urteil veranlaßte, daß sich damals dem Namen nach zwar Demokratie, in Wirklichkeit aber Herrschaft durch den ersten Mann vollzogen habe.

Unter den Mitgliedern des Seebundes stieß die athenische Herrschaftspolitik allerdings auf wachsende Widerstände. Unmut über den Ausbau des Kleruchiesystems machte sich breit; und die ständigen Einmischungen Athens in die inneren Angelegenheiten der Bündner verschärften nicht nur die innenpolitischen Spannungen in diesen Staaten, sondern riefen auch Sparta wieder auf den Plan, dessen Unterstützung gegen die athenischen Interventionsversuche zunehmend gefragt war. Wie prekär die politische Lage war, wurde 440 v. Chr. schlagartig deutlich, als Athen in einen Streit zwischen Samos und Milet um die Stadt Priene eingriff und schließlich den Austritt der Insel aus dem Seebund provozierte. Der Abfall von Samos drohte zu einem Flächenbrand zu werden, nachdem auch Byzantion sich von Athen losgesagt hatte. Nur mit Mühe konnte Athen der Lage Herr werden, und zwar nicht zuletzt deshalb, weil sich die Spartaner aus der Angelegenheit herausgehalten hatten. Gleichwohl hatte der „Samische Krieg" die beiden Großmächte schon sieben Jahre nach dem Abschluß des 30jährigen Friedens an den Rand eines neuen Konfliktes gebracht, denn es gab in Sparta durchaus Bestrebungen, in Samos zu intervenieren und damit den Frieden aufzukündigen. Ausschlaggebend für das Scheitern dieser Pläne war die ablehnende Haltung von Spartas wichtigstem Verbündeten Korinth. Noch scheuten die Korinther offenbar die Konfrontation mit Athen. Das änderte sich in der Mitte der 30er Jahre, als sich die Athener von Korkyra in die Auseinandersetzungen mit Korinth um die Tochterstadt Epidamnos (das heutige Durres in Albanien) hineinziehen ließen und durch ihre Beteiligung den Konflikt vorerst zugunsten Korkyras entschieden. Die Eskalation der Ereignisse, die 433 v. Chr. mit einer Seeschlacht bei den Sybota-Inseln südlich von Korkyra ein vorläufiges (und noch unentschiedenes) Ende fanden, hatte die hohe Kriegsbereitschaft beider Seiten offen zu Tage treten lassen. Ein unmittelbarer Zusammenstoß der Großmächte Athen und Sparta blieb jedoch aus, da Korinth – ein letztes Mal – davon absah, Spartas Eingreifen zu fordern.

Gesellschaft und Wirtschaft

Nachdem endgültig alle politischen Entscheidungskompetenzen ungeteilt und uneingeschränkt in den Händen der athenischen Gesamtbürgerschaft lagen, stellte sich schärfer als zuvor die Frage nach den Voraussetzungen für das athenische Bürgerrecht. In der Zeit des Kleisthenes hatte noch eine große

Anzahl von Fremden das Bürgerrecht erhalten; und auch in der ersten Hälfte des 5. Jahrhunderts war zahlreichen *metróxenoi*, die von einem athenischen Vater, aber einer nichtathenischen Mutter abstammten, dieses Recht verliehen worden. Die Radikalisierung der demokratischen Verfassungsformen ab 462/1 v. Chr. führte dann aber zu einer stärkeren Abschottung der athenischen Bürgerschaft. Diese Tendenz zur Exklusivität des Bürgerrechts wurde beschleunigt durch den wachsenden Zustrom von Fremden, die ihrerseits vom Machtaufstieg Athens zu profitieren suchten.

Endgültige Klarheit schuf 451 v. Chr. ein von Perikles initiiertes Bürgerrechtsgesetz, dem zufolge nur noch diejenigen athenische Bürger werden konnten, deren beide Elternteile ebenfalls schon athenische Bürger waren. Nur noch in Ausnahmefällen als Ehrung für besondere Verdienste und aufgrund besonderer Beschlußfassung durch die Volksversammlung konnte auch Nicht-Athenern das athenische Bürgerrecht verliehen werden. Der Besitz des Bürgerrechts hing also normalerweise entscheidend vom Nachweis der Abstammung ab, deren Rechtmäßigkeit in den Phratrien und Demen und im Zweifelsfall auch noch einmal vom Volksgericht überprüft wurde. Voraussetzung für die Wahrnehmung der bürgerlichen Rechte nach Erreichen der Volljährigkeit im 18. Lebensjahr war der Eintrag in eine Bürgerliste (*lexiarchikón grammateíon*), die im (erblichen) Heimatdemos geführt wurde. Da die neuen Bürger zunächst noch einen zweijährigen Wehrdienst (*ephebeía*) abzuleisten hatten und in dieser Zeit von der Teilnahme an der Volksversammlung ausgeschlossen waren, wurden sie danach in eine zweite Liste (*pínax ekklesiastikós*) aufgenommen, die ihnen den Zugang zur *ekklesía* eröffnete.

Diese Bürgerlisten unterlagen strengen Kontrollen, die wenige Jahre nach Inkrafttreten des neuen Bürgerrechtsgesetzes (445/4 v. Chr.) zur Streichung von 5000 Personen führten. Aber auch späterhin blieb den Athenern die Überprüfung des Bürgerstatus immer ein wichtiges Anliegen; waren sie doch sorgsam darauf bedacht, ihre bürgerlichen Privilegien gegen

[handschriftliche Notiz am unteren Rand:] Verschärfung d. Bürgerrechts: ab 451 nur noch „echte" Athener, halbe oder fremde ausgeschlossen

Zugriffe von außen zu verteidigen, zumal angesichts der im 5. Jahrhundert rapide zunehmenden Gesamtbevölkerung. In den 40er und 30er Jahren lebten über 300 000 Menschen in Attika, von denen nur gut die Hälfte athenische Bürger mit ihren Familien waren. Politische Rechte besaßen wiederum nur die männlichen Vollbürger, deren Zahl im 5. Jahrhundert zwischen 30 000 und 45 000 und im 4. Jahrhundert zwischen 20 000 und 30 000 geschwankt haben dürfte, so daß auch in der Blütezeit der athenischen Demokratie alle politischen Kompetenzen in den Händen von höchstens 15 % der Gesamtbevölkerung lagen. Diese Zahlenrelation muß aber nicht befremden, wenn sie vor dem Hintergrund der spezifischen Verhältnisse in Athen gesehen wird. Einerseits waren – wie in allen antiken Gesellschaften – die Frauen von den politischen Entscheidungsprozessen ausgeschlossen. Darüber hinaus war die Zahl der Bürger aus anderen Staaten außerordentlich hoch, da die Athener – etwa im Gegensatz zu den Spartanern – stets eine überaus liberale Fremdenpolitik verfolgten. Bis zu 40 000 Fremde („Metöken") wohnten dauerhaft mit ihren Familien vor allem in der Stadt Athen und ihrer näheren Umgebung. Den weitaus größten Teil der nicht-athenischen Bevölkerung stellten aber die (zeitweise über 100 000) Sklaven, die ein Drittel der Gesamtbevölkerung Attikas ausmachten. Auch diese Zahl ist im Vergleich zu anderen antiken Poleis überaus hoch und erklärt sich nur aus dem Reichtum und der wirtschaftlichen Prosperität Athens.

Die Vorrechte der athenischen Bürger beschränkten sich keineswegs auf den politischen Bereich. Nur Athenern stand das Recht auf Haus- und Landbesitz zu; Nicht-Athenern wurde dieses Recht nur in seltenen Ausnahmefällen – als besondere Auszeichnung – per Volksbeschluß zugestanden. Kriminelle Vergehen gegen athenische Bürger wurden rechtlich oft anders bewertet als gleiche Vergehen gegenüber Fremden oder Sklaven. Darüber hinaus kamen die athenischen Bürger in den Genuß zahlreicher finanzieller Vorteile. Da waren nicht nur die Zahlungen von Tagegeldern für die Ausübung politischer Ämter und seit dem frühen 4. Jahrhundert auch für den Besuch der Volksversammlung (*ekklesiastiká*) und schließlich (seit der Mitte des 4. Jahrhunderts) auch des Theaters (*theoriká*); die Invaliden- und Waisenfürsorge blieb ebenso auf den Kreis der athenischen Bürger beschränkt wie etwa die Verteilung von Getreidespenden, die in Zeiten der Not von auswärtigen Mächten bereitgestellt wurden.

Auch von regelmäßigen Steuerzahlungen blieben die Athener – wie die Bürger in vielen anderen Poleis – verschont. Nur in dringenden Notfällen und nur aufgrund entsprechender Volksbeschlüsse konnten sie zu einer außerordentlichen Vermögenssteuer (*eisphorá*) herangezogen werden, die dann im 4. Jahrhundert durch ein ebenfalls auf einer Vermögensschätzung beruhendes sogenanntes Symmoriensystem ersetzt wurde. Im übrigen hatten die Bürger „Leiturgien" zu leisten, statt Steuern zu zahlen. Die ursprünglich freiwillig erbrachten Leiturgien (*leiturgía*, „Dienstleistung für das Volk") wurden im demokratischen Athen zu einem festen Finanzierungssystem ausgebaut. Im Rahmen dieses Systems wurden die Kosten für zentrale staatliche Aufgaben unmittelbar auf wohlhabendere Bürger abgewälzt, die über ein bestimmtes Mindestvermögen verfügten.

In der Hauptsache betrafen diese Geldleistungen den Bereich der öffentlichen Kulte und Feste (auf Demen- und Polisebene) sowie das Kriegswesen. Hierzu gehörten etwa die Finanzierung der dramatischen und musikalischen Aufführungen an den großen Festtagen („Choregie") und die Bezahlung für Ausstattung, Training und Verpflegung der Mannschaften, die an den zahlreichen öffentlichen Wettkämpfen anläßlich großer Kultfeiern teilnahmen („Gymnasiarchie"); und auch die Kosten für die jährliche Kultgesandtschaft zum Apollonheiligtum nach Delos waren durch eine Leiturgie aufzubringen („Architheorie"). Die bedeutendste und aufwendigste Leiturgie war die „Trierarchie". Jeder Trierarch war ein Jahr lang für den Unterhalt einer Triére verantwortlich. Die Polis stellte das Schiff mitsamt der Grundausstattung und übernahm den Sold für die Mannschaften, während der Trierarch die Ausrüstung vervollständigen und die Mannschaften einüben mußte und für die

Instandhaltung des Schiffes, das in dieser Zeit seinem Kommando unterstand, verantwortlich war.

Jährlich waren zwischen 100 und 120 regelmäßige Leiturgien und darüber hinaus im Kriegsfall auch noch zahlreiche außerordentliche Leiturgien wie die Trierarchie zu leisten. Da damit sehr große finanzielle Belastungen von oft mehreren tausend Drachmen (eine Drachme entsprach einem durchschnittlichen Tageslohn) verbunden waren, wurde man in der Regel höchstens alle zwei Jahre zur Übernahme – und dann auch nur – einer Leiturgie herangezogen. Die Trierarchie wurde wegen der hohen Kosten (4000 bis 6000 Drachmen) im Verlaufe des Peloponnesischen Krieges sogar auf zwei Personen aufgeteilt und im 4. Jahrhundert schließlich dem Symmoriensystem angepaßt. Die Leiturgien dürfen aber nicht nur unter dem Aspekt einer Zwangsabgabe gesehen werden; sie boten vielen reicheren Bürgern auch die Möglichkeit, sich im demokratischen System zu profilieren und Prestige zu erlangen. Im politischen Alltag und vor Gericht konnte die Aufzählung der oft auch über das vorgeschriebene Maß hinaus geleisteten Leiturgien als Ausweis für die Verdienste um das Gemeinwohl der Polis und als Beispiel bürgerlicher Tugenden dienen.

Mit dem Ausschluß der Frauen von allen politischen Entscheidungen korrelierte ihre klare rechtliche Minderstellung gegenüber den Männern, die in Athen sogar ausgeprägter war als in vielen anderen griechischen Staaten. Die Athenerin stand ihr Leben lang in Abhängigkeit von einem Vormund. Dies war zunächst ihr Vater und nach dessen Tod der älteste Bruder oder ein anderes männliches Familienmitglied; diese bestimmten auch die Wahl des Ehegatten. Bei der Heirat gingen die Vormundschaftsrechte auf den Ehemann über, fielen aber im Falle einer Scheidung ebenso wie die Mitgift wieder an die Familie der Frau zurück. Die Mitgift war auch zurückzugeben, wenn die Ehefrau kinderlos starb. Eine Frau war grundsätzlich nicht erbfähig, sondern konnte nur als „Erbtochter" (Interimserbin) ein Erbe quasi stellvertretend übernehmen, solange männliche Nachkommenschaft fehlte. Auch Geschäftsfähigkeit besaßen die Frauen nur über ihren Vormund, der sie auch vor Gericht zu vertreten hatte. Es wäre allerdings ein Trugschluß, aus dieser Rechtsstellung zwingend auf eine entsprechende Minderstellung der Athenerinnen in der Öffentlichkeit und im Alltagsleben zu schließen. Zwar waren die Frauen auch hier Einschränkungen unterworfen, verfügten aber doch über eine weitaus größere Bewegungsfreiheit als oft angenommen.

Die Fixierung der attischen Bürgerrechtsgesetze ging einher mit einer festeren Ausgestaltung der Rechte und Pflichten fremder Bürger. Für Fremde (*xénoi*), die sich nur vorübergehend in Athen aufhielten, galten in der athenischen Rechtsordnung die Regeln des üblichen Fremdenrechts, wie es sich nach dem Vorbild des Gastrechtes allenthalben in der griechischen Welt ausgebildet hatte. Besondere, jeweils spezifizierte Privilegien standen den Fremden zu, deren Heimatstadt mit Athen einen entsprechenden Rechtshilfevertrag abgeschlossen hatte. Im übrigen konnten sich Fremde vielfach auch an einen Athener wenden, der zu ihrer Polis besondere Nahbeziehungen unterhielt und als *próxenos* – heute würde man „Konsul" sagen – deren Interessen in Athen vertrat.

Eine besondere Gruppe bildeten die Fremden (*métoikoi*), die in Athen ihren festen Wohnsitz genommen hatten. Die Athener hatten schon sehr früh die Ansiedlung von Fremden zur Belebung der Wirtschaft gefördert. In klassischer Zeit gab es kaum einen Wirtschaftszweig, in dem nicht Metöken tätig waren. Man findet sie in allen Sparten von Handwerk und Gewerbe und als Stadtärzte, Bauleiter, Herolde etc. sogar in vielen öffentlichen Ämtern. Große Handelshäuser und Waffenfabriken waren ebenso in ihrer Hand wie viele Reedereien; und selbst das athenische Bankwesen wurde zu großen Teilen von Metöken kontrolliert. Auch viele Künstler, Literaten und Wissenschaftler lebten als Metöken in Athen und prägten nachhaltig das kulturelle Leben der Stadt: Philosophen und Ärzte wie Hippokrates aus Kos, Anaxagoras aus Klazomenai, Protagoras aus Abdera; Künstler wie Polygnot aus Thasos und Zeuxis aus Herakleia; Historiographen und Redner wie Herodot aus Halikarnassos, Lysias aus Syrakus, Gorgias aus Leontinoi. Diese wenigen Namen mögen hier für viele stehen.

„xénoi" = fremde Gäste
„métoikoi" = einheim.-fremde ... Wirtschaft & Kultur

[Handwritten margin notes at top: métoikoi ähnl. Rechte & Pflichten, aber kein (Grundbesitz, Kopfsteuer, & Rth. Person)]

Ihrem hohen Stellenwert in Wirtschaft und Gesellschaft entsprechend, waren die Rechte der Metöken in Athen großzügig bemessen. In ihrer beruflichen Tätigkeit unterlagen sie keinerlei Einschränkungen. Sie genossen volle Rechtsfähigkeit und den gleichen persönlichen Rechtsschutz wie alle athenischen Bürger, blieben allerdings der Fremdengerichtsbarkeit unterworfen. Wohnrecht und Rechtsschutz verpflichteten die Metöken aber auch zur Beteiligung an den Leiturgien und den *eisphorá*-Zahlungen und am Kriegsdienst, auch wenn sie gewöhnlich nur zur Landesverteidigung und zum Flottendienst herangezogen wurden. Obgleich die Metöken also in vielem den athenischen Bürgern gleichgestellt waren und auch im alltäglichen Umgang kaum Abgrenzungen bestanden, blieb ihr Status doch als derjenige von Fremden klar erkennbar. Die Verpflichtung zur Zahlung einer jährlichen Kopfsteuer (*metoíkion*) von 12 Drachmen (alleinstehende Frauen zahlten 6 Drachmen) ließ die Trennung zwischen Metöken und Bürgern ebenso deutlich werden wie das Verbot des Erwerbs von Grundbesitz. Auch mußte sich jeder Metöke einen Athener wählen, der für ihn als eine Art Patron und Bürge (*prostátes*) gegenüber der Bürgerschaft fungierte.

Die mit Abstand größte Bevölkerungsgruppe der Nicht-Athener bildeten in klassischer Zeit die Sklaven, die aus dem alltäglichen Leben in Athen nicht wegzudenken waren. Der wirtschaftliche Aufschwung der Stadt und der zunehmende Reichtum ermöglichten vielen Bürgern und Metöken den Kauf von Sklaven. Allerdings war der Erwerb eines Sklaven eine durchaus teure Angelegenheit (zwischen 6 durchschnittlichen Monatseinkommen und mehr als 2 durchschnittlichen Jahreseinkommen); da auch noch der Lebensunterhalt des Sklaven zu tragen war, konnte sich nicht jedermann beliebig viele Sklaven leisten. So gab es auf manchem kleineren Bauernhof in Attika – wenn überhaupt – nur ein oder zwei Sklaven, zumal die zeitweilige Anmietung von Sklaven und Tagelöhnern oft billiger war. Reichere Bauern leisteten sich aber durchaus mehrere Sklaven, die oft sogar unter der Leitung eines Gutsverwalters standen, der ebenfalls Sklave war. In der Stadt besaßen reiche

[Handwritten note at bottom: Sklaven = teure Angelegenheit]

Bürger bis zu 50 Sklaven und Angehörige der Mittelschicht immerhin noch bis zu 10 Sklaven, die im Hause die alltäglichen Dinge zu erledigen hatten (Köche, Mägde, etc., aber auch Ammen und Erzieher).

Die überwiegende Zahl der Sklaven war aber in der Wirtschaft tätig. Es gab sie in allen Berufssparten – vom Dockarbeiter bis zum Bankangestellten. Aus dem Sklavenstand kamen hochspezialisierte Fachleute ebenso wie Handlanger und Hilfsarbeiter. Bisweilen wurden auch freie Unternehmertätigkeiten (beispielsweise die eigenständige Leitung von Verkaufsläden) Sklaven übertragen. Von Massensklaverei kann man aber gleichwohl in Athen nicht sprechen. Die Anzahl der in einzelnen Betrieben tätigen Sklaven hielt sich jeweils in überschaubaren Größen. Die bei weitem höchste Zahl, die uns überliefert ist, bezieht sich auf die 120 Arbeitssklaven in der Waffenfabrik des Metöken Kephalos (des Vaters des Rhetors Lysias). Eine Ausnahme bildeten allenfalls die Bergwerke in Laureion, in denen unter erbärmlichsten Bedingungen bis zu 20 000 Sklaven arbeiteten, die jedoch einer Vielzahl von Unternehmern gehörten oder von diesen angemietet waren.

Sklaven befanden sich aber nicht nur in Privatbesitz; auch die Polis besaß Sklaven. Diese „Staatssklaven" (*demósioi*) unterstützten als Amtsdiener die amtierenden Magistrate bei der Erfüllung ihrer Pflichten. Sie halfen unter anderem als Schreiber und Rechnungsführer bei der Gerichts- und Finanzverwaltung und waren als Archivare für die Aufbewahrung der öffentlichen Urkunden zuständig. Auch die Ämter des Henkers, der Folterknechte und der Gefängniswächter lagen in den Händen von Staatssklaven. Selbst Polizeifunktionen übten Staatssklaven aus: Bis zur Mitte des 4. Jahrhunderts sorgte eine spezielle Eingreiftruppe aus 300 skythischen Bogenschützen, die dem Kommando eines athenischen Offiziers unterstand, für die Aufrechterhaltung von Ruhe und Ordnung in der Volksversammlung und in den Gerichtsstätten. Die Polis besaß auch Arbeitssklaven (*ergátai*), die zum Beispiel im Wegebau und in der staatlichen Münze tätig waren und zeitweilig auch bei der Errichtung öffentlicher Bauten mitzuarbeiten hatten.

So unterschiedlich die soziale Stellung und die konkreten Lebensumstände der Sklaven waren, so einheitlich war ihre Rechtsstellung. Wie überall in der antiken Welt waren die Sklaven grundsätzlich persönlich unfrei. Sie waren – nach Aristoteles – „beseelter Besitz" und Eigentum ihres Herrn, der die alleinige Verfügungsgewalt über ihre Person besaß und sie daher nach eigenem Gutdünken vermieten, verpfänden und verkaufen sowie testamentarisch frei über sie verfügen konnte. Vor gänzlicher Willkür seines Herrn war ein Sklave aber schon deshalb geschützt, weil der Kauf eines Sklaven immer eine teure Investition war und daher der Herr ein Interesse daran haben mußte, dessen Arbeitskraft möglichst lange zu erhalten.

Freilassungen aus dem Sklavenstand waren in Athen – im Vergleich zur Praxis im antiken Rom – anscheinend nicht gerade häufig. Gleichwohl dürften die Freigelassenen einen doch merklichen, wenn auch nicht näher zu bestimmenden Anteil an der Gesamtbevölkerung gehabt haben. Die Freilassung, die selbstverständlich stets die Zustimmung des Sklavenbesitzers voraussetzte, erfolgte entweder unentgeltlich – etwa wegen besonderer Verdienste – oder auch durch Freikauf. Das Geld für seinen Freikauf konnte sich ein Sklave als Darlehen durch Dritte vorstrecken lassen; manchem Sklaven wurde von seinem Herrn aber auch die Möglichkeit eingeräumt, eigene Ersparnisse anzusammeln, die er dann für den Freikauf nutzen konnte. Nach seiner Freilassung erhielt ein Sklave die gleichen Rechte und Pflichten wie ein Metöke. Allerdings war er normalerweise gegenüber seinem Freilasser, der auch als sein *prostátes* fungierte, bis zu dessen Tod zu bestimmten, vertraglich festgelegten Diensten verpflichtet (*paramoné*-Vertrag) und blieb häufig in dessen Haus wohnen.

Obgleich die Sklaven eine tragende Stütze der attischen Wirtschaft bildeten, wird man dennoch kaum von einer reinen Sklavenwirtschaft sprechen können. Es gab kein Gewerbe, dem ausschließlich Sklaven nachgingen. Selbst in den Steinbrüchen des Pentelikon und des Hymettos und in den Bergwerken von Laureion arbeiteten – oft unter gleichen Bedingungen – neben Sklaven auch freie Bürger und Metöken.

66

Wie in allen antiken Gemeinwesen bildete auch in Athen die Landwirtschaft das ökonomische Rückgrat. Trotz der Vielfalt ihrer wirtschaftlichen Aktivitäten blieb die athenische Gesellschaft grundsätzlich bäuerlich geprägt. Ganz Attika war von einem dichten Netz kleinstädtischer und dörflicher Siedlungen und zahlloser Einzelgehöfte überzogen. Da die landwirtschaftlichen Anbauflächen begrenzt waren, wurde jedes Stück kultivierbaren Landes intensiv genutzt. Die meisten Gehöfte verfügten über eine gesunde Durchschnittsgröße und gehörten Bauern, die als *auturgoí* („Selbsttätige") ihren Hof bewirtschafteten. Daneben existierten aber auch größere Anwesen, deren Eigentümer oft sogar in der Stadt wohnten und ihre Besitzungen durch Aufseher verwalten und von Sklaven und Tagelöhnern bearbeiten ließen.

Den Ernährungsgewohnheiten entsprechend herrschte im Ackerbau die Trias von Getreide, Oliven und Wein vor. Wo es der Boden zuließ, bevorzugte man Weizen, andernfalls wurde Gerste angebaut. Da der Getreideanbau sehr arbeitsintensiv war, wurde er vielfach durch den Oliven- und Weinanbau verdrängt, zumal dieser weitaus einträglicher war. Der notorische Getreidemangel in Attika wurde hierdurch aber noch weiter verschärft. Spätestens seit dem ausgehenden 6. Jahrhundert, vielleicht aber auch schon früher waren die Athener von regelmäßigen umfangreichen Getreideimporten aus Sizilien und Ägypten, vor allem aber aus dem Schwarzmeergebiet abhängig.

Die Alltagskost in Athen bestimmten vor allem auch einfache Gemüse wie Linsen, Bohnen, Erbsen, Knoblauch und Zwiebeln, die in jedem kleinen Garten angepflanzt, aber auch von den Bauern auf dem Markt feilgeboten wurden. Zu den beliebtesten Obstsorten zählte neben Äpfeln, Birnen, Pflaumen und Maulbeeren die „Schwester des Weinstocks", wie Hipponax von Ephesos die Feige einmal genannt hat. In der Viehwirtschaft dominierten Schaf-, Ziegen- und Schweinezucht, da der karge Boden Attikas für die Rinderzucht ganz ungeeignet war. Fleisch war immer teuer und wurde meist nur zu besonderen Anlässen verzehrt, so insbesondere bei den großen Kultfeiern und Opferfesten; ansonsten aß man – vor allem in der

Stadt – eher Fisch statt Fleisch, da dieser (anders als heute) billiger war.

Der Grad der Selbstversorgung war in den ländlichen Gebieten Attikas auch noch in klassischer Zeit vergleichsweise hoch. In einem bäuerlichen Haushalt wurden viele Dinge des alltäglichen Bedarfs selbst hergestellt. Handwerkliche Spezialisierungen blieben daher weitaus geringer ausgeprägt als in der Stadt Athen, dem Piräus und den größeren attischen Demenzentren. Hier fand sich die Fülle aller nur denkbaren Berufe. Und wie noch heute im Altstadtkern von Athen gab es dort auch damals schon bestimmte Bezirke, die einzelnen Berufssparten vorbehalten waren. Das galt für die Fleischer und Fischverkäufer ebenso wie für die Schuster, Schmiede, Gerber und natürlich auch die Prostituierten. So kann man sich das geschäftige Treiben auf der Agorá und in den verwinkelten Gassen der benachbarten Quartiere nicht bunt und lebhaft genug vorstellen.

In der Regel wurde in häuslichen Kleinbetrieben für den heimischen Markt produziert. Öl, Wein, Honig und andere landwirtschaftliche Produkte Attikas, die für ihre Qualität im gesamten Mittelmeerraum berühmt waren, wurden aber auch in großen Mengen exportiert; hinzu kamen Rohstoffe – vor allem Silber, Blei und Marmor – und attische Keramikerzeugnisse – Massenware ebenso wie Stücke von höchster Qualität –, die ihre Abnehmer überall im Ausland fanden. Begünstigt durch das Zusammenwachsen des Seebundes zu einer eng verflochtenen Wirtschaftszone entwickelten sich die Häfen Athens auch zu bedeutenden Warenumschlagplätzen, wo durch hohe Zolleinnahmen beträchtliche Gewinne erzielt wurden. Einnahmen aus Exporten und Zöllen stellten zumindest einen gewissen Ausgleich dar für die kostspieligen Importe von Getreide, Schiffsbauholz, Kupfer und vielerlei anderer Waren. Alles war zu jeder Zeit auf dem Markt zu haben, was den Komödiendichter Aristophanes spotten ließ, daß man nie so recht wisse, in welcher Jahreszeit man sich eigentlich befinde.

Eine der wichtigsten Ertragsquellen war im übrigen der Silberbergbau von Laureion. An keinem anderen Ort Attikas dürften in klassischer Zeit auf so kleinem Raum so viele Ar-

Land = hohe Selbstversorgungsrate
Stadt: reger Handel, Export v. Lebensmitteln & Silber

Darstellung einer Erzgießerei – links der Schmelzofen,
rechts Montage einer Bronzestatue; attisch rotfigurige Trinkschale.
490–480 v. Chr., aus Vulci; 30,5 cm Durchmesser;
Photo: Bildarchiv Preußischer Kulturbesitz, Berlin.

beitskräfte konzentriert gewesen sein wie in diesem südatti-
schen Industrierevier, von dem noch heute in den Tälern nördlich von Kap Sunion eindrucksvolle Überreste erhalten sind.
Zehntausende von Arbeitern – vorwiegend Sklaven, aber vielfach auch Bürger und Metöken – waren hier in den Stollen und
Schächten tief unter der Erde, an den riesigen Zisternen und
Erzwaschanlagen und an den Schmelzöfen tätig, um die Lager-
stätten auszubeuten und das begehrte Silber zu gewinnen, aus
dem dann der Dollar der klassischen Zeit, die berühmten Sil-
bermünzen mit dem Kopf der Athena auf der Vorderseite und
der Eule auf der Rückseite geschlagen wurden.

Die Schule Griechenlands

Als „Schule Griechenlands" (*tes Helládos paídeusis*) bezeichnete Perikles in seiner Totenrede auf die Gefallenen des ersten
Jahres des Peloponnesischen Krieges das damalige Athen. Nicht

nur durch ihre Herrschaft und die demokratische Verfassung, sondern auch in allen Bereichen der Kunst und Literatur, der Philosophie und der Wissenschaften seien die Athener den übrigen Griechen ein nachahmenswertes Vorbild. Und in der Tat war die neue Führungsmacht Athen in den 50 Jahren zwischen den Perserkriegen und dem Peloponnesischen Krieg, in der „Pentekontaëtie", auch zu einem kulturellen Zentrum der antiken Welt aufgestiegen. Macht und Reichtum der Stadt waren eine Symbiose mit der Kultur eingegangen, die alles Bisherige weit in den Schatten stellte. So einschneidend sich aber die Zäsur der Perserkriege auf die kulturgeschichtliche Entwicklung Griechenlands auch ausgewirkt hatte, war doch vieles auch schon früher angestoßen und in der Entwicklung begriffen und durch die Perserkriege nur unterbrochen worden – auch im Athen der peisistratidischen und vor allem dann der kleisthenischen Zeit. Und nicht alles und jedes, was danach neu gedacht und geschaffen wurde, hatte seinen Ursprung und Anfang in Athen.

Die Erfahrungen der Perserkriege und das Hochgefühl der Griechen über ihre erfolgreiche Selbstbehauptung hatten allenthalben – im griechischen Mutterland und in der Ägäiswelt ebenso wie in Kleinasien und in Unteritalien – ganz neue schöpferische Kräfte freigesetzt. Dennoch war Athen der eigentliche Kulminationspunkt all' dessen, was heute mit dem Begriff der griechischen „Klassik" verbunden wird. Der Seebund florierte und brachte Geld in die Kassen der Athener. Der Reichtum machte es möglich, neue Ideen nicht nur zu denken, sondern auch umzusetzen. Nirgendwo sonst bot sich Künstlern, Philosophen und Wissenschaftlern aus aller Welt ein so fruchtbares Betätigungsfeld wie in dieser Polis. Die Athener hatten in den vergangenen Jahrzehnten erfahren, daß es sich auszahlte, Unerhörtes zu wagen. Das hatte sie empfänglich gemacht für Neues und Außergewöhnliches auch im Kulturellen, zumal künstlerischer Avantgardismus ihren politischen Erfolgen und Ansprüchen zusätzlichen Ausdruck zu verleihen vermochte.

So traute man sich schließlich, selbst mit den großen panhellenischen Kultzentren in Delphi und Olympia in Konkur-

70

renz zu treten und sie durch Bau und Ausstattung der eigenen Heiligtümer zu überflügeln. Jahrzehnte lang hatten in Athen und ganz Attika die von den Persern zerstörten Tempel in Schutt und Asche gelegen. Als dauernde Mahnmale des Krieges waren in der steil aufragenden Nordmauer der Akropolis Gebälkteile und Säulentrommeln des alten Athena-Tempels und des „Vor-Parthenon" (bis heute) gut sichtbar verbaut worden. Kultfeiern wurden an nur notdürftig hergerichteten heiligen Stätten abgehalten. Nur hier und da hatte es zaghafte Ansätze zum Wiederaufbau gegeben. Erst zu Beginn der 40er Jahre initiierte Perikles ein umfassendes Bauprogramm, dessen Glanzpunkt die völlige Neugestaltung der Akropolis sein sollte. Er knüpfte damit unmittelbar an ähnliche Bestrebungen schon der kleisthenischen Zeit an; allerdings erhielt alles einen völlig neuen Zuschnitt. Der Bau des Parthenon – auf den Fundamenten des in kleisthenischer Zeit (an Stelle eines noch älteren Vorgängerbaus) begonnenen „Vor-Parthenon" in nur 16 Jahren zwischen 447 und 432 v. Chr. nach den Plänen der Architekten Iktinos und Kallikrates und des Bildhauers Phidias vollendet – sprengte alle bis dahin für einen dorischen Tempel üblichen Proportionen. Zahl und Anordnung der Säulen, der Skulpturenschmuck und die gesamte Dimensionierung des Baukörpers übertrafen nicht nur an Größe, sondern vor allem auch an Ausgewogenheit und Harmonie selbst den gerade erst fertiggestellten Zeus-Tempel in Olympia; und auch die 12 m hohe Goldelfenbeinstatue der Athena Parthenos im Inneren des Tempels stand der vom gleichen Künstler (Phidias) geschaffenen und als Weltwunder bestaunten Goldelfenbeinstatue des thronenden Zeus in Olympia an Pracht und Größe nicht nach. Welche auch technische Meisterleistung die unglaublich präzise und wirklich millimetergenaue Bauausführung des Parthenon darstellt, wurde erst wieder bei den modernen Restaurierungsarbeiten deutlich.

Die Verwirklichung des Bauprogramms war bezeichnend für die selbstbewußte und experimentierfreudige Haltung der attischen Bürgerschaft. Denn so sehr auch Perikles als der eigentliche Promotor dieses Vorhabens gelten darf, bedurfte doch jeder Entwurf und jeder Baufortschritt der Zustimmung der Volksversammlung und entsprechender Beschlüsse der von ihr eingesetzten und kontrollierten Baukommissionen. Der glanzvolle Ausbau der Stadt war also getragen vom mehrheitlichen Willen der athenischen Bürgerschaft. Was nicht ausschließt, daß Projekte durchaus heftig umstritten und manchmal auch Kompromisse zu schließen waren wie etwa im Falle des von dem Architekten Mnesikles entworfenen Neubaus der Propyläen (437–432 v. Chr.), die als Abschluß des breiten Treppenaufgangs zur Akropolis eine monumentale Toranlage bildeten. Dieser Eingangsbereich sollte von zwei symmetrischen Seitentrakten flankiert werden, von denen jedoch der südliche mit Rücksicht auf den an seinem alten Platz neu geplanten Tempel der Athena Nike verkürzt und nicht vollständig ausgeführt wurde.

Eine ganz und gar außergewöhnliche und im antiken Tempelbau einzigartige Form wies der ebenfalls wohl noch in den 30er Jahren begonnene Bau des heute „Erechtheion" genannten Tempels nördlich des Parthenon auf. Im Osten der Gestalt eines ionischen Tempels noch am ähnlichsten, geben die Anbauten der großen Säulenhalle im Norden und der kleineren, von steinernen Frauenfiguren gestützten Südhalle („Korenhalle") sowie der im Westen angefügte heilige Bezirk dem gesamten Baukomplex an jeder Seite ein gänzlich anderes Aussehen. Die Vielgestaltigkeit dieses Gebäudes war in höchstem Maße artifiziell und zugleich formvollendeter Ausdruck einer tiefen Religiosität. Einerseits diente das „Erechtheion" als Nachfolger des von den Peisistratiden erbauten und von den Persern zerstörten Athena-Tempels und damit als Aufbewahrungsort und Verehrungsstätte für das alte Kultbild der Athena; es war aber gleichermaßen auch Heimstatt für zahlreiche andere, der Polis eng verbundene Götter und Heroen, deren Anwesenheit auf der Akropolis sich die Athener versichern wollten.

Auch auf andere Bereiche der Stadt und auf ganz Attika erstreckte sich eine rege Bautätigkeit. Nach den Entwürfen für den Athena Nike-Tempel wurden im Süden der Stadt am Ufer des Ilissos und auf der Kuppe des Areopaghügels kleine Tempel erbaut. Auf dem *Kólonos Agoraíos* oberhalb der Agorá wurde dem Gott der Schmiede und Handwerker, Hephaistos, ein Tempel („Hephaisteion"; früher fälschlich „Theseion" genannt) errichtet und in die bauliche Ausgestaltung der Agorá einbezogen. Deren Nordseite war bereits in kimonischer Zeit mit einer lang gestreckten Säulenhalle (*Stoá Poikíle* / „bunte Halle") begrenzt worden, die von den Wegbereitern einer neuen Malerei – Polygnot, Mikon und Panainos – mit großen Gemälden ausgeschmückt worden waren. Auf Kap Sunion

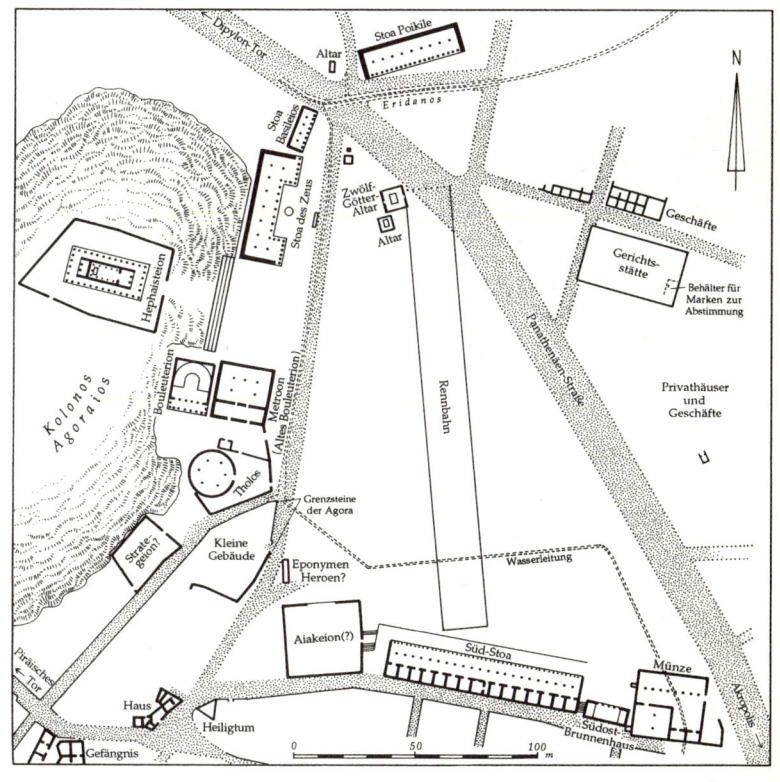

Die Agora

wurde der in den Perserkriegen zerstörte Poseidon-Tempel durch einen Neubau aus Marmor ersetzt, und das Demeter-Heiligtum in Eleusis wurde aufwendig ausgebaut.

Sogar in den Wirren des Peloponnesischen Krieges kamen die Bauaktivitäten nicht völlig zum Erliegen. Auf der Agorá entstanden neue Amtslokale für die Magistrate und ein neues Ratsgebäude sowie einige öffentliche Hallenbauten und auf der Akropolis wurden das Erechtheion und der Nike-Tempel vollendet. Damals erweiterten die Athener auch das Artemis-Heiligtum in Brauron und begründeten bei Oropos das Heiligtum des Heilgottes Amphiáraos („Amphiareion"). Die prachtvolle Ausstattung der Kultstätten und der öffentlichen Plätze stand zu den verwinkelten Wohnvierteln und ihren eher bescheidenen, meist aus Lehmziegeln errichteten Häusern in einem deutlichen Kontrast, über den sich mehr als ein Jahrhundert später der antike Reiseschriftsteller Herakleides verwundert äußern sollte. Die athenischen Redner der klassischen Zeit lobten diesen Gegensatz hingegen noch als Ausweis bürgerlichen Gemeinsinns und privater Bescheidenheit und sahen in der im 4. Jahrhundert zunehmenden Tendenz zu luxuriösem Wohnen und zu prunkvoller Selbstdarstellung etwa in der Grabkunst bedrohliche Zeichen einer Gefährdung der demokratischen Verfassung.

Waren es in der bildenden Kunst immer auch Impulse von außen, die in Athen das künstlerische Schaffen beeinflußten und beförderten, bildeten Tragödie und Komödie ureigenste athenische Schöpfungen, die in ihrer zeitlosen Einmaligkeit ihre Wirkung bis auf den heutigen Tag zu entfalten vermögen. Ihre Anfänge reichen wohl bis weit in die archaische Zeit zurück und sind von Beginn an eng mit den Kultfeiern zu Ehren des Gottes Dionysos verbunden gewesen. Ihr Hauptfest waren die „Großen" oder auch „Städtischen" Dionysien, die im attischen Monat Elaphebolión (März/April) gefeiert und seit dem späten 6. Jahrhundert von einem Theaterwettstreit begleitet wurden. Hierbei kamen zunächst nur Tragödien zur Aufführung. Wohl in engem Zusammenhang mit der kleisthenischen Neuordnung des Staates nahm der *agón* („Wettstreit") noch in der letzten Dekade des 6. Jahrhunderts festere Formen an: An drei aufeinanderfolgenden Tagen wurden jeweils drei, in der Regel thematisch verbundene Tragödien ("Trilogie") aufgeführt, denen jeweils ein Satyrspiel folgte. Jede dieser "Tetralogien" stammte aus der Feder eines Autors, der zuvor aus einem größeren Kreis von Bewerbern ausgesucht wurde. Ab 486 v. Chr. wurden bei den Großen Dionysien auch Komödienagone durchgeführt, bei denen an einem Tag fünf Komödien verschiedener Autoren miteinander konkurrierten. Seit der zweiten Hälfte des 5. Jahrhunderts fanden dann zusätzlich auch an den *Lénaia* – ein Fest zu Ehren des Dionysos im Monat Gamelión (Januar/Februar) – Theateragone statt, bei denen zweimal zwei Tragödien und noch einmal fünf Komödien jeweils miteinander im Wettstreit lagen. So kamen bis zu 26 dramatische Inszenierungen an nur einigen wenigen Tagen im Jahr zur Aufführung. Bis zu 10 Stunden täglich verfolgten tausende Zuschauer im Theater am Südhang der Akropolis die in der Regel doch sehr anspruchsvollen Schauspiele. Das war nicht nur eine geistige Leistung, die ein vergleichsweise hohes Bildungsniveau auch breiterer Bevölkerungsschichten in Athen voraussetzte; es bedeutete auch körperliche Anstrengung, zumal die Sitzreihen des Theaters bis in die zweite Hälfte des 4. Jahrhunderts hinein aus einfachen, in den natürlichen Hang hineingebauten Holzsitzen bestanden und das Wetter zur Aufführungszeit (Januar/Februar bzw. März/April) auch im damaligen Griechenland nicht immer beständig gewesen sein dürfte.

In den Tragödien wurden die Grundkonflikte menschlichen Daseins im Spannungsgefüge zwischen göttlicher Weltordnung oder dem allgemeinen ethisch-moralischen Normengefüge einerseits und dem individuellen Entscheiden und Handeln andererseits auf stets neue Weise thematisiert. Indem die Tragiker die Verflechtungen von Freiheit und Notwendigkeit, von Rache, Hybris, Schuld und Sühne in immer wieder variierte Erzählungen der überlieferten Mythen einbetteten, schufen sie die erforderliche Distanz, um das Allgemeingültige ihrer Aussagen schärfer hervortreten zu lassen. Der Bezug zu den be-

alle sahen sich die anspruchsvollen Schauspiele an: hohes Bildungsniveau

kannten Mythen sicherte aber zugleich auch eine hinreichende Nähe zur Gegenwart, um in einer Zeit ungeheuer raschen Wandels und tiefgreifender politischer Veränderungen <u>durch die Erregung von Mitleid und Furcht</u> eine sinnstiftende *kátharsis* („Reinigung") bei den Zuschauern zu bewirken.

Die unmittelbare Behandlung zeitgeschichtlicher Stoffe wie in Phrynichos' *Milétu Hálosis* oder Aischylos' *Pérsai* war bei den Tragödien eine überaus seltene Ausnahme. <s>Bei den Komödien lagen die Dinge völlig anders.</s> <u>Sie waren keineswegs harmlose Burlesken, sondern weitaus eher politisches Kabarett.</u> Mit oft beißendem Spott und derben Späßen wurden öffentliche und auch private Skandale angeprangert und die aktuelle Politik herber Kritik unterzogen.

Von den wohl weit über 2000 Tragödien, Komödien und Satyrspielen, die allein bis zum Ende des 5. Jahrhunderts während der großen Dionysien und der Lenäen auf die Bühne kamen, ist heute nur noch ein Bruchteil überliefert. Gerade einmal 32 Tragödien sind vollständig erhalten, und zwar nur von den drei „Klassikern" <u>Aischylos, Sophokles und Euripides</u>, die aber schon jeder für sich tatsächlich ein Vielfaches an Stücken geschrieben hatten. So stehen etwa den jeweils 7 erhaltenen Tragödien des Aischylos und des Sophokles mehr als 80 bzw. 120 verlorene Werke gegenüber, von denen allenfalls noch die Titel oder einige Fragmente bekannt sind. Noch weitaus weniger ist von den athenischen Komödien der klassischen Zeit erhalten. Fast 100 Komödiendichter des 5. und 4. Jahrhunderts sind namentlich bekannt; aber nur 11 Werke (von insgesamt über 40) eines einzigen Dichters, nämlich des <u>Aristophanes</u>, liegen heute noch vollständig vor. So besehen muß unser heutiges Wissen um den Gehalt und die Aussagekraft der klassischen Dramen immer fragmentarisch und ausschnitthaft bleiben. Aber das Wenige, was die Zeiten überdauert hat, läßt erahnen, welcher Schatz für immer verloren ist.

Das gilt wenigstens gleichermaßen auch für die heute ebenfalls nur noch bruchstückhaft überlieferten <u>Dithyramben, Chorlieder zu Ehren</u> des Dionysos, deren Vortrag schon in kleisthenischer Zeit als *agón* zwischen den neu geschaffenen

10 Phylen organisiert worden war. Jede Phyle hatte einen Männer- und einen Knabenchor mit jeweils 50 Sängern zu stellen, die sich bei den Großen Dionysien und auch einigen anderen Festen einen Sängerwettstreit lieferten. Jeder Chor wurde von einem Choregen finanziert, der im Falle eines Sieges für sich und „seine" Phyle an der zum Dionysostheater führenden „Tripodenstraße" eine Dreifuß-Weihung aufstellen durfte, für die das heute noch am Ort (in der Athener Altstadt) erhaltene „Lysikrates-Denkmal" ein besonders schönes Beispiel ist. Tausende von Dithyramben wurden im Verlaufe der Zeit gedichtet und komponiert; dabei wurden sie offenbar zunehmend Gegenstand von Experimenten, wie sie in Athen musikalische Avantgardisten vom Schlage eines Kinesias oder Timotheos durch die Einführung neuer Rhythmen und Klangspektren betrieben.

Die Ausbildung neuer Formen in der Musik, in der bildenden Kunst und im literarischen Schaffen stand in einer ungemein fruchtbaren Wechselwirkung mit der Entwicklung neuer Ideen und Denkweisen in der Philosophie. Abermals bündelte sich sehr vieles in Athen, wo in klassischer Zeit die Grundlagen gelegt wurden für seinen Ruhm als geistiges Zentrum der Philosophie und der Rhetorik – ein Ruhm, der auch den politischen Niedergang der Stadt in hellenistischer Zeit überdauern sollte und von dessen Glanz die Athener auch noch in römischer Zeit zu profitieren wußten.

Mit den gesellschaftlichen und politischen Umbrüchen im klassischen Athen stellte sich die Frage nach den Grundlagen der menschlichen Existenz neu. Wie die Tragödie suchte auch die Philosophie Antworten auf die Herausforderungen der Zeit. Im 6. und frühen 5. Jahrhundert hatten die ionischen Naturphilosophen in Kleinasien (etwa Thales, Heraklit, Anaximander und Xenophanes) sowie Pythagoras und seine Schüler und die „Eleaten" in Unteritalien (Parmenides, Zenon) bereits die Bahnen vorgezeichnet, in denen sich dann auch in Athen philosophisches Denken bewegte und alle Wissenschaftsbereiche durchdrang. Anaxagoras aus dem kleinasiatischen Klazomenai gehörte in Athen zu den Vordenkern einer neuen Aufklärungsphilosophie, die mit ihren rationalistischen Erklärungsmodellen die traditionellen kosmologischen Vorstellungen radikal in Frage stellte und einem Skeptizismus das Wort redete, der an den Grundfesten der geltenden Normen rüttelte. Das philosophische Fragen nach dem Ursprung alles Seienden und das Suchen nach den Ursachen und Hintergründen von Werden und Vergehen bewirkte auch eine ganz neue Betrachtungsweise der eigenen wie auch der vergangenen Zeit, die ja gerade im 5. Jahrhundert vielfachen Wechselfällen und Veränderungen unterworfen war. An die Stelle kosmographischer Beschreibungen trat die analysierende Untersuchung. Vor einem großen Hörer- und auch Leserpublikum in Athen breitete Herodot (aus dem kleinasiatischen Halikarnassos) in den 40er Jahren die Ergebnisse seiner Untersuchungen über die Ursachen der Perserkriege aus und legte damit die Wurzeln für eine wissenschaftliche Geschichtsschreibung, als deren „Vater" (*pater historiae*) ihn Cicero später bezeichnete. Zum zweiten Wegbereiter der Historiographie wurde der Athener Thukydides mit seiner monographischen Darstellung des Peloponnesischen Krieges. Seine methodische Strenge und Analysekraft wurde für alle nachfolgenden Geschichtsschreiber zum unerreichten Vorbild.

Das thukydideische Geschichtswerk reflektiert auch eine zeitgenössische Geistesströmung, die wie keine andere in der zweiten Hälfte des 5. Jahrhunderts das öffentliche Leben in Athen prägte. Die Vordenker dieser neuen philosophischen Denkrichtung wurden Sophisten („Weisheitslehrer") genannt. Sie waren zwar den Traditionen der alten Philosophie verpflichtet; ihr Interesse galt aber nicht mehr vornehmlich der Kosmologie und Elementenlehre, sondern war auf den Menschen und sein Handeln im praktischen Leben ausgerichtet. Es ging den Sophisten um konkrete Lebensbewältigung mit Hilfe der Philosophie, die damit ins Pragmatische gewendet wurde und sich zugleich allen gesellschaftlichen und politischen Themenbereichen öffnete. Die Sophisten verstanden sich als Lehrer, die durch ihr Wissen und ihren Rat die Menschen in den Stand versetzten, mit allen nur denkbaren Lebenssituatio-

nen fertig zu werden. Die von ihnen vermittelte *eubulía*
(„Wohlberatensein") sollte Garant für ein erfolgreiches und
glückliches Leben sein. Das Wissen wurde so zur Ware; und es
entsprach daher auch dem Selbstverständnis der Sophisten,
daß sie sich für ihre Lehrtätigkeit bezahlen ließen und damit
auch durchaus reich werden konnten.

Die Sophisten kamen aus allen Teilen der griechischen Welt
und zogen als Wanderlehrer umher. Athen jedoch bildete in der
zweiten Hälfte des 5. Jahrhunderts für sie einen besonderen
Anziehungspunkt. Protagoras aus Abdera an der thrakischen
Küste und Gorgias aus dem sizilischen Leontinoi verbreiteten
hier ihre Lehren ebenso wie Thrasymachos aus Chalkedon am
Bosporus und Prodikos von der Insel Keos. Die Offenheit und
Weltläufigkeit der Stadt, insbesondere aber das Spannungsgefüge von radikaler Demokratie und hegemonialem Herrschaftsanspruch schufen einen idealen Nährboden für die
Sophistik. Jugendliche aus vermögendem Elternhaus liefen den
Sophisten in Scharen zu; aber auch führende Politiker suchten
ihre Nähe. Wie Anaxagoras so gehörte auch Protagoras zum
engsten Kreis um Perikles. Daß Perikles ihm 443 v. Chr. die
Ausarbeitung der Verfassung und der Gesetze für die neu
begründete Stadt Thurioi in Unteritalien übertrug, zeigt den
großen Einfluß des neuen Denkens auch auf die Politik – ein
Einfluß, der sich durchaus auch gegen die Demokratie wenden
konnte: So betätigten sich in der Schlußphase des Peloponnesischen Krieges die Athener Antiphon und Kritias, führende
Köpfe der Sophistik, aktiv an den oligarchischen Umstürzen
411 bzw. 404/3 v. Chr. und fanden dabei den Tod.

Die Sophistik beruhte auf keiner einheitlichen Lehre. Ihre
Lehren waren so unterschiedlich und vielfältig wie die Herkunft ihrer Vertreter und schlossen alle Wissensgebiete ein,
von der Mathematik und Astronomie über die Geographie und
Geschichte bis hin zu dem, was wir heute Politik- und Sozial-
wissenschaften nennen. Was die Sophisten verband, das war
der pragmatische und von Nützlichkeitserwägungen bestimmte Zugriff auf den Stoff und die Betonung seiner An-
wendbarkeit. Fragen nach der richtigen „Technik" der Anwen-

dung des Wissens im alltäglichen Leben überlagerten oft sogar die eigentliche Beschäftigung mit dem Gegenstand des Wissens. Daher wurde auch der Dialektik und der Rhetorik ein ganz außerordentlich großer Stellenwert zugemessen, zumal im demokratischen Athen die Kunst des Disputierens und der formvollendeten Rede eine stete Erfordernis war, um in der Volksversammlung und vor Gericht bestehen zu können. Gorgias und Antiphon begründeten damals die athenische Rhetorik, die im 4. Jahrhundert durch Redner und Politiker wie Isokrates, Demosthenes und Aischines zur vollen Blüte kam und für alle spätere Rhetorik stilbildend werden sollte.

Den Sophisten gemeinsam war auch ihre radikal vom Menschen ausgehende Denkweise. Der Mensch als erkennendes Subjekt wurde in den Mittelpunkt gerückt und die Welt in ihren offenkundigen Erscheinungsformen zum Ausgangspunkt der Erkenntnis gemacht. Bezeichnend ist der Ausspruch (*homo-mensura*-Satz) des Protagoras: „Aller Dinge Maß ist der Mensch, der seienden, daß sie sind, der nicht seienden, daß sie nicht sind." Die hier zum Ausdruck gebrachte Subjektivität aller Erkenntnis verstärkte den Skeptizismus der traditionellen Philosophie. Die Behauptung der Relativität jeglicher Aussagen stellte die Gültigkeit und Verbindlichkeit aller Normen und Gesetze grundsätzlich in Frage. Damit wurde aber keineswegs eine unbegrenzte Beliebigkeit propagiert, sondern es wurden neue Begründungen eingefordert, wo dies möglich war.

In Fragen der Religion führte diese Haltung allerdings zu einem Agnostizismus oder auch radikalem Nihilismus, der die Existenz der Götter ganz leugnete. Das rührte an die Fundamente der Polis, die trotz aller Säkularität fest in der Religion gründete. In Athen wurden weit mehr Kultfeiern und Feste begangen als in den meisten anderen Poleis. Es gab mehr als 60 „staatliche" Festtage im Jahreskreis; hinzu kamen zahllose religiöse Feiern in den Demen, Phratrien und vielen anderen Gemeinschaften. Die Verehrung der Götter war in der Polis allgegenwärtig – im öffentlichen Bereich ebenso wie auch im privaten. Die Infragestellung oder gar Leugnung der Götter mußte daher den meisten Bürgern als Zersetzung der staatli-

Soph.: Mensch = Maß aller Dinge, Subjektivität ruft Skeptizismus hervor. nihil. Ansätze, Götter verleugnet

chen Grundordnung erscheinen, so daß einige Sophisten vor allem während der innenpolitischen Auseinandersetzungen kurz vor dem Ausbruch des Peloponnesischen Krieges wegen *asébeia* („Gottlosigkeit") verklagt wurden und die Stadt verlassen mußten, um sich einem Todesurteil zu entziehen.

Wohl nur vor dem Hintergrund der angespannten Atmosphäre in Athen nach der Niederlage im Peloponnesischen Krieg ist es zu erklären, daß 399 v. Chr. auch Sokrates wegen Asebie und Verführung der Jugend zum Tode verurteilt und hingerichtet wurde. Von seinen Gegnern als übelster aller Sophisten verschrien, war er doch ihr ärgster Widersacher. Auch wenn Sokrates selbst nichts Schriftliches hinterlassen hat, sind doch zumindest die Grundzüge seiner Lehren den „sokratischen" Schriften seiner Schüler Platon und Xenophon zu entnehmen; und die Komödie „Die Wolken" des Aristophanes (aufgeführt 423 v. Chr.) vermittelt ein lebendiges, wenn auch satirisch überspitztes Bild vom Auftreten des Sokrates in Athen. Mit seinen bohrenden Fragen wandte er sich nicht nur gegen den ethischen und moralischen Relativismus der Sophisten, sondern hielt der gesamten athenischen Bürgerschaft einen Spiegel vor und mahnte sie, sich wieder mehr um das Wesentliche der Dinge zu kümmern. Der Rigorismus seines Denkens und Handelns verunsicherte die Athener aber offenbar so sehr, daß viele ihn ganz einfach los sein wollten. Der ganze Prozeß war ein Skandal; und das scheinen auch viele Richter so empfunden zu haben. Der Schuldspruch ging mit 281 gegen 220 Stimmen denkbar knapp aus. Als es aber um die Bemessung der Strafe ging und Sokrates statt des von den Anklägern geforderten Todesurteils die Teilnahme an den Mahlzeiten im Prytaneion – die höchste Ehre, die die Polis überhaupt vergeben konnte – forderte, entschieden wohl auch aus Verärgerung 361 der 501 Richter auf Tod durch den Schierlingsbecher.

Nach der Hinrichtung des Sokrates wurde Platon zum Verwalter des geistigen Erbes seines Lehrers. In seinen in der Form sokratischer Dialoge verfaßten Werken, aber auch in seinen nicht schriftlich fixierten Vorlesungen entwickelte er systema-

399 Sokrates z. Tode verurteilt
(zu kritisch)
→ Platon tritt seine Nachfolge an

tisch Gegenpositionen zur Sophistik. Wie Sokrates forderte auch er die Rückbesinnung auf das Wesentliche und suchte mit seiner Ideenlehre alle Bereiche des menschlichen Lebens sinnstiftend zu ergründen. Mittelpunkt seiner philosophischen Tätigkeit und Anziehungspunkt für zahlreiche Schüler war die von ihm bald nach 387 v. Chr. gegründete *Akademía*, eine Schule in einem nach dem attischen Heros *Akádemos* benannten Park, der nur eine kurze Wegstrecke außerhalb der Stadt im Nordwesten lag. Mehr als 900 Jahre – wenn auch mit manchen Unterbrechungen – hatte die Akademie Bestand; erst mit ihrer vom Kaiser Justinian 529 n. Chr. verfügten Schließung erlosch an diesem Platz endgültig das philosophische Leben. Die Philosophie Platons bildete aber auch weiterhin gemeinsam mit den Lehren seines Schülers Aristoteles, der das platonische Gedankengebäude durch seine weitgespannten empirischen Forschungen entscheidend erweiterte, die eigentliche Grundlage allen Philosophierens.

Auch in der bildenden Kunst wahrte Athen im 4. Jahrhundert seine Vorbildlichkeit und prägende Kraft. Es gab zwar bewußte Rückgriffe auf die Kunst des 5. Jahrhunderts, die bereits damals als „klassisch" empfunden und daher auch kanonisiert wurde. Dies führte aber nicht zu einer Erstarrung oder bloßen Nachahmung, sondern zur Entwicklung eines durchaus eigenen Stils, dessen archaisierende Tendenzen am Ende des 4. Jahrhunderts – der politischen Stimmung der Zeit entsprechend – sogar bei einer noch früheren Epoche ihre Anleihen machten.

Die Bautätigkeit in der Stadt konzentrierte sich in den ersten Jahrzehnten des 4. Jahrhunderts zunächst auf die Wiedererrichtung der nach dem Peloponnesischen Krieg geschleiften Stadtmauern und Befestigungsanlagen. In der Mitte des Jahrhunderts begannen dann umfassende Planungen für eine Neugestaltung der Stadt, die in den 30er Jahren weitgehend durch ein gewaltiges Bauprogramm abgeschlossen werden konnte, das von dem Politiker Lykurg initiiert worden war. Erst damals erhielt das Dionysostheater seine heutige, durch römische Umbauten später nicht mehr wesentlich veränderte Gestalt; süd-

30er: Bauprogramm: alles befestigt,
Um- u. Neubauten

östlich der Stadt jenseits des Ilissos wurde ein großes Stadion errichtet, und die Pnyx, der Platz der Volksversammlung, wurde mit riesigen Stützmauern neu gefaßt und repräsentativ umgestaltet. Nur ein Jahrzehnt vor ihrem Niedergang sollte auf diese Weise noch einmal der ungebrochenen Kraft der athenischen Demokratie demonstrativ Ausdruck verliehen werden.

IV. Ein antiker Weltkrieg: Der Peloponnesische Krieg

Der Abschluß des 30jährigen Friedensvertrages im Jahre 446/5 v. Chr. hatte die eigentlichen Ursachen der Gegnerschaft zwischen Athen und Sparta nicht wirklich beseitigen können. Argwohn gegenüber den machtpolitischen Ambitionen der jeweils anderen Seite bestimmte auch weiterhin das Verhältnis zwischen den beiden Großmächten und ihren Verbündeten; und die perikleische Herrschaftspolitik der 40er und 30er Jahre gab den Spartanern allen Anlaß zum Mißtrauen. Das Eingreifen in die Auseinandersetzungen zwischen Korkyra und Korinth um Epidamnos hatte dann endgültig deutlich werden lassen, daß die Athener gewillt waren, jede sich bietende Gelegenheit zur Ausweitung ihrer Einflußsphäre zu nutzen und die athenische Machtüberlegenheit zu demonstrieren, und es dabei billigend in Kauf nahmen, zwar nicht gegen die Buchstaben, aber doch gegen den Geist des Friedensvertrages zu verstoßen.

Eine friedliche Koexistenz der beiden Machtblöcke des attischen Seebundes und des peloponnesischen Bundes mußte unter diesen Voraussetzungen längerfristig wenig aussichtsreich erscheinen. Ganz bewußt steuerte Perikles daher am Ende der 30er Jahre die athenische Politik in einen offenen Konflikt mit Sparta. Dies war teilweise vielleicht auch eine Art Flucht in die Außenpolitik, da damals der innenpolitische Druck auf Perikles erheblich zugenommen hatte. Sein politischer Widersacher Thukydides, der Sohn des Melesias, war nach 10jährigem Exil wieder nach Athen zurückgekehrt und suchte erneut gegen ihn zu opponieren. Vermutlich stand er als

83

treibende Kraft hinter den Prozessen, die um 432 v. Chr. gegen den Philosophen Anaxagoras und den Bildhauer Phidias, prominente Mitglieder aus dem engsten Freundeskreis des Perikles, und auch gegen Perikles' Ehefrau Aspasia wegen Gottlosigkeit, Bestechung und Kuppelei geführt wurden, die aber im Grunde Perikles selbst treffen sollten.

So mag es auch ein innenpolitischer Befreiungsschlag gewesen sein, als Perikles 433/2 v. Chr. die angespannte außenpolitische Lage weiter verschärfte, indem er in der Volksversammlung einen Beschluß („megarisches Psephisma") durchsetzte, durch den für die Handelsmacht Megara, damals wieder Mitglied des peloponnesischen Bundes und mit Korinth eng verbunden, alle Häfen des athenischen Seebundsgebietes gesperrt und damit jegliche Handelstätigkeit fast im gesamten Ägäisbereich unterbunden wurde. Gleichzeitig wurde Poteidaia, eine dem attischen Seebund angehörende korinthische Kolonie auf der westlichsten Halbinsel der Chalkidike, von Athen ultimativ aufgefordert, alle traditionellen Beziehungen zu Korinth abzubrechen und Teile seiner Befestigungsanlagen niederzureißen. Die Stoßrichtung dieser provokativen Maßnahmen war nur allzu deutlich. Die Athener suchten den korinthischen Machtambitionen einen Riegel vorzuschieben, wo immer es ging, und zielten damit zugleich auf eine Schwächung der spartanischen Herrschaftsposition. Die Bündner Spartas, allen voran Korinth, Megara und auch Ägina, waren nun nicht mehr bereit, die athenische Politik noch länger hinzunehmen, und drängten zum Krieg.

Die Spartaner zögerten aber zunächst noch, obgleich sie zuvor bereits Poteidaia durch das Versprechen eines Entlastungsangriffs auf Attika zum Abfall vom attischen Seebund ermuntert hatten. Erst die Drohung Korinths, den peloponnesischen Bund zu verlassen und sich neue Verbündete zu suchen, erzwang im Sommer 432 v. Chr. den offiziellen Kriegsbeschluß, den auch letzte Verhandlungen im folgenden Winter nicht mehr rückgängig machen konnten. Zu groß war mittlerweile die Kriegsbereitschaft auf allen Seiten; und zu tief war auch der Haß vieler griechischer Staaten auf die athenische Machtpoli-

P. durch Theat. unter Druck → Flucht in Außenpolitik (gg. Pelop. Bund)
→ schwächen Spartas Bündner → diese drängen Sparta zum Krieg → 432 Kriegsbeschluß

tik. Perikles führte seinen Mitbürgern in einer Rede die verfahrene Situation sehr drastisch vor Augen: Die Athener liefen Gefahr, die Herrschaft zu verlieren und dem Haß ausgesetzt zu werden, der ihnen aus der Herrschaft erwachsen sei. Von ihrer Herrschaft allerdings könnten sie nun nicht mehr aus freien Stücken zurücktreten, da sie schon jetzt eine Tyrannis sei. Diese aufzurichten möge zwar ungerecht gewesen sein, sie aufzugeben sei aber gefährlich. Sparta wußte die weit verbreitete antiathenische Stimmung zu nutzen und machte sich zum Vorkämpfer für die Befreiung der griechischen Staatenwelt von der athenischen Vorherrschaft. Die spartanische Forderung von *eleuthería* und *autonomía* („Freiheit" und „Selbstbestimmung") für alle Poleis mochte bei vielen zunächst auch durchaus verfangen. Sie erstarrte allerdings zu einer bloßen politischen Propagandaformel in einem Krieg, bei dem es auf allen Seiten letztlich dann doch nur um die Sicherung und den Ausbau der je eigenen Hegemonie ging.

Schon in der Antike wurden die Auseinandersetzungen zwischen dem athenischen und dem spartanischen Bündnissystem in der Zeit zwischen 431 und 404 v. Chr. als „Peloponnesischer Krieg" bezeichnet. Dieser Name kann jedoch leicht über die eigentlichen Dimensionen dieses Krieges hinwegtäuschen, der keineswegs auf Griechenland und gar nur die Peloponnes beschränkt blieb, sondern sich auf fast alle Bereiche der antiken Mittelmeerwelt erstreckte. Alle führenden Mächte der damaligen Zeit wurden in diesen antiken „Weltkrieg" hineingezogen, der mit der totalen Niederlage Athens im Jahre 404 v. Chr. nur ein vorläufiges Ende fand und noch ein fast zwei Jahrzehnte währendes Nachspiel haben sollte.

Der unentschiedene Krieg

Da alle Zeichen schon Jahre zuvor auf Krieg standen, hatten die Athener umfangreiche Vorbereitungen für den Ernstfall getroffen. Weil sie den weit überlegenen Landstreitkräften der Peloponnesier kaum etwas Vergleichbares entgegenzustellen hatten, suchten sie ihre militärische Unterlegenheit zu Lande durch eine Aufrüstung der Seestreitkräfte auszugleichen. Zu Beginn des Krieges verfügte die athenische Flotte über mehr als 300 einsatzbereite Trieren und war – trotz der zahlenmäßig ebenfalls großen spartanischen Schiffskontingente – auch aufgrund der besseren Übung und Ausrüstung weitaus im Vorteil. Darüber hinaus hatten die Athener in der zweiten Hälfte der 30er Jahre große finanzielle Reserven angelegt, die durch die Tributzahlungen der Bündner ständig aufgestockt wurden; die Spartaner hingegen mußten von ihren Bündnern Kriegskontributionen erst einfordern.

Den ganz unterschiedlichen militärischen Stärken der feindlichen Machtblöcke entsprach auch deren jeweilige Strategie und Taktik. Während die Spartaner die Entscheidung im Landkrieg suchten und darauf aus waren, den Gegner durch direkte Angriffe auf Attika im Kern zu treffen, verfolgte Athen auf Anraten des Perikles eine von See aus geführte Zermürbungstaktik. Diese zielte im wesentlichen darauf ab, durch rasch vorgetragene Angriffe von See aus den Gegner zu schädigen, vor allem aber durch eine Blockade der Seewege die Handelsverbindungen zu unterbrechen und die Peloponnes von der Zufuhr abzuschneiden. Perikles setzte alles auf eine Karte und vertraute ganz auf die Überlegenheit der athenischen Flotte. Sein Kalkül schloß sogar die zeitweilige Preisgabe des attischen Landes mit ein. Auf Perikles' Weisung hin wurde ganz Attika evakuiert. Die Bevölkerung mußte sich hinter die Mauern zurückziehen, die nicht nur die Stadt und den Piräus umgaben, sondern auch das dazwischen liegende Gebiet einschlossen und ein großes Festungsdreieck bildeten. Alle Bewohner, die auf dem offenen Lande und in den kleineren Demen wohnten, mußten Haus und Hof aufgeben und sich mit einigen wenigen Habseligkeiten notdürftig im Schutz der athenischen Befestigungsanlagen einrichten. Der gesamte Viehbesitz wurde nach Euboia und auf die umliegenden Inseln verbracht. Diese konsequente Umsetzung des perikleischen Kriegsplans bedeutete für alle eine ungeheure Zumutung. Kaum 50 Jahre nach den Zerstörungen durch die Perser sollten die Athener erneut untätig zusehen müssen, wie ihr Land verwüstet wurde und ihr

Sparta wollte Ath. zu Lande angreifen.
Ath. setzte auf Blockade d. Handelsverbind.
→ Zermürbungstaktik

Besitz in die Hände der Feinde fiel. Hinzu kamen die kaum erträglichen Lebensbedingungen in Athen. Die Stadt hatte mit einem Schlag ein Vielfaches an Bewohnern aufzunehmen. Abertausende von Menschen lebten auf engstem Raum zusammengepfercht und bevölkerten auch noch den kleinsten freien Winkel innerhalb der Festungsanlagen.

Die ersten Kriegsjahre verliefen dem Plan des Perikles entsprechend. Das Grundmuster war stets das gleiche: Zwischen 431 und 425 v. Chr. fielen peloponnesische Truppen Jahr für Jahr zur Erntezeit in Attika ein, um die Äcker zu verwüsten und alles zu verheeren, was nicht schon bei den vorangegangenen Feldzügen zugrunde gerichtet worden war. Nur 429 v. Chr. wagte man sich nicht nach Attika wegen der dort ausgebrochenen Seuche, und 426 v. Chr. verhinderte ein Erdbeben den jährlichen Kriegszug. Mit fast gleicher Regelmäßigkeit wurden die spartanischen Einfälle mit athenischen Seeoperationen gegen die Peloponnes beantwortet. Da die ersten drei spartanischen Invasionen vom König Archidamos geleitet wurden, bezeichneten schon die Zeitgenossen die erste Phase des Peloponnesischen Krieges als den „Archidamischen Krieg".

Die perikleische Strategie setzte die attische Bevölkerung überaus schweren physischen und psychischen Belastungen aus, die 430/29 v. Chr. ins Unermeßliche gesteigert wurden, als eine Seuche – vermutlich die Pest – in Athen ausbrach und fast ein Drittel der Bevölkerung dahinraffte. Obgleich der Widerstand gegen Perikles wuchs, gelang es ihm selbst in dieser Situation, die Athener weiterhin auf seine Linie einzuschwören. Der Unmut der Athener machte sich zwar dadurch Luft, daß sie 430 v. Chr. Perikles als Strategen absetzten. Aber schon 429 v. Chr. wurde er wiedergewählt, starb aber noch im gleichen Jahr an den Folgen der Pest wie zuvor schon zwei seiner Söhne.

Für Athen markierte der Tod des Perikles einen tiefen historischen Einschnitt. Mehr als zwei Jahrzehnte hatte er machtbewußt, aber stets mit einem klaren Blick für das Mögliche und Machbare den Athenern die Bahnen ihrer Politik vorgezeichnet. Nach seinem Tod drängte eine neue Riege politischer

Demagogen an die Macht, die zumeist nicht mehr aus den alten adligen Familien stammten, sondern als Unternehmer und Gewerbetreibende zu Reichtum gelangt waren wie der Gerbereibesitzer Kleon oder Nikias, der sein Vermögen im Silberbergbau gemacht hatte. Vor allem das Ränkespiel dieser beiden Männer prägte in der Folgezeit die athenische Politik. Während Nikias zu den Verfechtern einer Fortsetzung der perikleischen, gemäßigt gestimmten Richtung zählte, vertrat Kleon in der athenischen Volksversammlung erfolgreich einen offensiven und geradezu brutalen Kriegskurs, um den Herrschaftsanspruch Athens nicht nur gegenüber Sparta, sondern auch gegenüber den eigenen Bündnern rücksichtslos und um jeden Preis durchzusetzen. Offenkundig wurde dieser neue Kurs, als 428 v. Chr. mit der Stadt Mytilene auf der Insel Lesbos einer der mächtigsten Bündnispartner Athens vom Seebund abfiel, aber schon ein Jahr später zur bedingungslosen Kapitulation gezwungen werden konnte. Auf Betreiben Kleons beschloß die Volksversammlung, eine exemplarische Bestrafung durchzuführen, sämtliche Männer umzubringen und alle Frauen und Kinder als Sklaven zu verkaufen. Erst am nächsten Tag wurde dieser Beschluß nach einer hitzigen Debatte und nur mit einem überaus knappen Votum dahingehend „abgemildert", daß „nur" die mehr als 1000 Hauptschuldigen in Athen hingerichtet wurden.

Perikles hatte die Athener stets davor gewarnt, während des Krieges ihren Herrschaftsbereich zu erweitern. Seinen Mahnungen zum Trotz eröffneten sie nun aber immer neue Kriegsschauplätze. 427 v. Chr. entsandten sie ein erstes Schiffskontingent nach Sizilien, um in einen Krieg gegen das mächtige Syrakus einzugreifen, und 426 v. Chr. versuchten sie vergeblich, durch ein groß angelegtes See- und Landunternehmen in Mittelgriechenland Fuß zu fassen. Der Krieg nahm immer größere Dimensionen an und zwang auch die Spartaner, ihren militärischen Aktionskreis auszudehnen. Solange es aber den Athenern gelang, die Seewege offen zu halten und damit die Getreide- und Lebensmittelzufuhr zu sichern, konnten die Spartaner keine kriegsentscheidenden Erfolge erzielen; aber auch die Athener vermochten lange Zeit nicht, das Blatt zu ihren Gunsten zu wenden. Die Situation änderte sich jedoch, als die Athener 425 v. Chr. an der Südwestküste der Peloponnes auf der kleinen, Pylos vorgelagerten Insel Sphakteria ein spartanisches Hoplitenkontingent einkesseln konnten. Der Frieden war greifbar nah, da die Spartaner einlenkten und anboten, den Friedensvertrag zu erneuern und durch den Abschluß eines gemeinsamen Bündnisses abzusichern. Die Mehrheit der Athener wollte sich jedoch nicht mit einem friedlichen Ausgleich begnügen, sondern hoffte im Hochgefühl des augenblicklichen Erfolges auf einen totalen Sieg. So folgte man den Ratschlägen Kleons, der für eine Ablehnung des spartanischen Angebotes und eine Fortsetzung des Krieges plädierte. Seine Erfolge schienen ihm zunächst Recht zu geben. In nur wenigen Tagen zwang eine seinem Kommando unterstellte Flottenexpedition die spartanischen Hopliten auf Sphakteria zur Kapitulation. Diese wurden als Kriegsgefangene nach Athen verbracht und dienten als Unterpfand künftiger Verhandlungen mit den Spartanern. Die Drohung der Athener, im Falle weiterer Angriffe auf Attika die Kriegsgefangenen hinzurichten, machte den jährlichen Invasionen der Spartaner vorläufig ein Ende.

Dieser Erfolg hatte die politische Stellung Kleons in Athen entscheidend gefestigt. Mit staatlichen Ehrungen überhäuft, konnte er seine bedingungslose Kriegspolitik unbeirrt fortsetzen und die athenische Volksversammlung für seine Sache gewinnen, zumal er durch populistische Maßnahmen wie die Erhöhung der täglichen Diätenzahlungen für die Richter von 2 auf 3 Obolen sein Ansehen weiter zu stärken vermochte. Die 425/4 v. Chr. von ihm durchgesetzte Erhöhung der Seebundstribute von 460 auf 1460 Talente („Kleon-Schatzung") war Ausdruck der Entschlossenheit, den Krieg um jeden Preis fortzusetzen.

In den peloponnesischen Gewässern konnten die Athener auch weitere Erfolge verbuchen. Durch die Einnahme der Lakonien vorgelagerten Insel Kythera 424 v. Chr. wurde der Blockadering um die Peloponnes noch enger gezogen, nachdem zuvor schon in Pylos ein athenischer Stützpunkt eingerichtet worden war. 424 v. Chr. mußten die Athener aber auch eine vernichtende Niederlage beim ostboiotischen Delion hinnehmen, als ihr Versuch kläglich scheiterte, in Boiotien einen Umsturz herbeizuführen. Erfolglos verlief auch eine gleichzeitige Flottenexpedition ins Schwarze Meer. Wieder einmal liefen die Athener Gefahr, ihre Kräfte zu überspannen. Das hatten auch die Spartaner erkannt und sich zunutze gemacht, indem sie an der empfindlichen Nordflanke des athenischen Herrschaftsbereichs auf der Chalkidike und an der thrakischen Küste eine weitere Front eröffneten. Dorthin hatten sie mit Brasidas einen ihrer fähigsten Feldherrn entsandt, der die Athener in langwierige Kämpfe verwickelte. Erst als 422 v. Chr. bei einer Schlacht vor den Toren von Amphipolis die Protagonisten des Krieges, Kleon und Brasidas, den Tod fanden, machte sich allenthalben Kriegsmüdigkeit breit, zumal in den vergangenen Jahren das Kriegsgeschehen für beide Seiten letztlich eher unbefriedigend verlaufen war und Sparta darüber hinaus auch noch 421 v. Chr. das Auslaufen des 30jährigen Friedensvertrages mit seinem peloponnesischen Widersacher Argos zu gegenwärtigen hatte. So schlossen Athen und Sparta im Frühjahr 421 v. Chr. durch Vermittlung des Nikias erneut auf 50 Jahre einen Frieden („Nikias-Friede"), dessen Regelungen auf eine weitgehende Restituierung der Vorkriegsverhältnisse hinausliefen.

Zwischen Frieden und Krieg

Die Athener konnten mit dem „Nikias-Frieden" durchaus zufrieden sein. Die Spartaner hatten ihr erklärtes Kriegsziel, die Auflösung des athenischen Bündnissystems, aufgegeben und uneingeschränkt die Machtstellung Athens akzeptiert, die sogar noch um einige strategisch wichtige Positionen am Korinthischen Golf und an der griechischen Westküste erweitert worden war. Viele der spartanischen Verbündeten, allen voran Korinth und Boiotien, sahen hingegen ihre Interessen und Ziele verraten, deretwegen sie den Krieg gegen die Athener aufgenommen hatten, und ratifizierten den Vertrag erst gar nicht. Der Unmut über das spartanische Verhalten war so groß, daß der Peloponnesische Bund aus den Fugen geriet. Als die Spartaner, um ihre Schwäche auszugleichen, 421 v. Chr. auch noch ein ebenfalls auf 50 Jahre befristetes Verteidigungsbündnis mit Athen abschlossen, bildete sich auf Initiative von Argos ein Gegenbündnis, an dem sich neben Korinth und anderen peloponnesischen Staaten auch die chalkidischen Städte im Norden beteiligten.

Die machtpolitischen Konstellationen standen Kopf. Und eigentlich hatten es die Athener in ihrer Hand, die Lage zu nutzen und durch eine weitsichtige Politik die eigene Hegemonie zu konsolidieren. In Athen herrschte damals allem Anschein nach auch durchaus eine optimistische Aufbruchstimmung. Dem Bedürfnis der Zeit nach persönlicher Nähe zu den Göttern entsprechend, erlebten neue Kulte eine ungeahnte Blüte. Der Kult des Heilgottes Asklépios wurde 421/20 v. Chr. in Athen eingeführt; und ungefähr zur gleichen Zeit wurde bei Oropos die große Kultanlage für den Heilgott Amphiáraos gegründet. Auch viele andere Bauvorhaben in Stadt und Land wurden wieder aufgenommen oder auch neu begonnen. In der Politik nutzten die Athener ihre Chancen zu einem konstruktiven Neubeginn allerdings nicht. Nach zehn bitteren Kriegsjahren mag damals vielen die Vorstellung eines engeren Zusammengehens mit Sparta allzu fremd erschienen sein. Immer noch dürfte das Mißtrauen – wohl auf beiden Seiten – überwogen haben. Die Vorstellungen über den künftigen Kurs der athenischen Politik klafften auch nach dem Friedensschluß zu weit auseinander, um in der Volksversammlung eine planvolle und kontinuierliche Linie durchzusetzen. Statt dessen ließen sich die Athener von den Demagogen in der Ekklesie immer wieder zu unbedachten politischen Abenteuern hinreißen.

Besonders einflußreich war die politische Agitation des Alkibiades, eines Neffen des Perikles, der im Jahre 420 v. Chr. als gerade 30jähriger erstmals zum Strategen gewählt worden war. Er gehörte zu der jungen Generation aus reichen und vornehmen Familien, die in den 20er Jahren durch die Schule der

Sophistik gegangen war und eine skeptische Distanz zum politischen System der athenischen Demokratie entwickelt hatte. Ehrgeizig und skrupellos drängte Alkibiades in die Politik. Was für ihn allein zählte, waren persönliche Macht und Einfluß. Er profilierte sich als entschiedener Gegenspieler des Nikias, indem er die Annäherung zwischen Athen und Sparta mit allen Mitteln hintertrieb. Durch geschickte Demagogie gelang es ihm, die Athener für ein 100jähriges Bündnis mit Argos, Mantineia und Elis zu gewinnen und damit das ohnehin geschwächte Sparta noch mehr zu isolieren. Der neu geschaffene Staatenbund hatte aber kaum zwei Jahre Bestand, da er 418 v. Chr. in einer Schlacht bei Mantineia den Spartanern unterlag, die daraufhin ihre Vormachtstellung auf der Peloponnes wiederherstellen konnten.

In Athen nahmen die politischen Auseinandersetzungen insbesondere zwischen Alkibiades und Nikias weiter an Schärfe zu. Keiner von beiden wollte seine Macht aus den Händen geben; und als 417 v. Chr. der athenische Politiker Hyperbolos ein Ostrakismosverfahren initiierte, um diese Polarisierung zu überwinden, wurde er selbst Opfer der Ostrakophorie. Um nicht selbst von der politischen Bühne abtreten zu müssen, hatten die beiden Gegner Alkibiades und Nikias ein Kartell gebildet und ihren großen Anhängerschaften, die in losen Vereinigungen (*hetairíai*) organisiert waren, entsprechende Wahlanweisungen erteilt. Dieser Ausgang des Ostrakismos war ein Fanal. Die Waffe des „Scherbengerichts" war stumpf geworden und kam nie wieder in Anwendung. Zugleich hatte die Manipulation des Verfahrens allen Athenern nur allzu deutlich das ganze Ausmaß und die Macht der Hetairíen vor Augen geführt. Die Bürgerschaft war in höchstem Maße verunsichert und mißtrauisch geworden.

Gleichwohl konnte Alkibiades als Stratege 417/6 und 416/5 v. Chr. weiterhin den außenpolitischen Kurs entscheidend mitbestimmen und eine Politik der rücksichtslosen Machterweiterung betreiben. Exemplarisch für den zügellosen Herrschaftswillen war 416 v. Chr. das Vorgehen gegen Melos. Die Insel, die sich bis dahin stets neutral verhalten hatte,

A. erobert Melos, versklavt Bewohner u. macht Kleruchie draus (416)?

wurde mitten im Frieden ohne ersichtlichen Grund erobert und in eine athenische Kleruchie verwandelt, nachdem man zuvor alle Männer ermordet und die Frauen und Kinder versklavt hatte. Der bloße Wille zur Macht war auch die Triebfeder für das militärische Engagement in Sizilien, zu dem Alkibiades gegen den entschiedenen Widerspruch des Nikias die Athener überreden konnte. Nicht zum ersten Mal richteten sich die athenischen Ambitionen nach Westen; aber entschlossener als je zuvor schickte man sich im Frühjahr 415 v. Chr. an, nicht nur gegen Syrakus vorzugehen, sondern die gesamte Insel zu unterwerfen. Mehr als 250 Schiffe, darunter mehr als 130 Trieren, mit insgesamt über 30 000 Soldaten wurden dem Kommando des Alkibiades, Nikias und Lamachos unterstellt. Das war der größte Flottenverband, den jemals eine Polis entsandt hatte.

Die Erwartungen in Athen waren entsprechend hoch, aber auch die Befürchtungen und Ängste angesichts der Dimensionen der sizilischen Expedition. So wurde es von vielen Bürgern als ein böses Vorzeichen gedeutet, als unmittelbar vor dem Auslaufen der Flotte binnen einer Nacht fast alle Hermen – das waren pfeilerartige Steinbüsten des Gottes Hermes, die überall in der Stadt an Wegkreuzungen und Toreingängen standen – verstümmelt worden waren. Der Verdacht richtete sich vor allem gegen die in den Hetairíen organisierten politischen Kräfte, denen antidemokratische Aktivitäten vorgeworfen wurden. Bei den Nachforschungen wurden auch Beschuldigungen laut wegen Verhöhnung der eleusinischen Mysterien, an denen auch Alkibiades beteiligt gewesen sein sollte. Seine politischen Gegner griffen diese Vorwürfe auf, wollten aber die Anklage nicht vor Ausfahrt der Flotte erheben, da sie hofften, in Abwesenheit des Alkibiades noch mehr gegen ihn bewirken zu können. Die Rechnung ging auf. Es kam zu zahlreichen Verhaftungen und Verhören, bei denen sich schließlich auch die Anschuldigungen gegen Alkibiades verdichteten, der daraufhin aus Sizilien abberufen wurde. Alkibiades aber entzog sich dem drohenden Prozeß durch Flucht. Er wechselte die Fronten und begab sich nach Sparta, wo er in den nächsten Jahren zu einem

415 Expedition gg. Sizilien
Hermen verstümmelt → A. & Co. verdächtigt
→ A. flieht nach Sparta, kämpft gg. Athen

wichtigen Ratgeber im Kampf gegen seine eigene Heimatstadt wurde.

Die sizilische Expedition hatte damit den eigentlichen Kopf des Unternehmens verloren. Nach ersten Erfolgen geriet der Kriegszug bald ins Stocken, zumal Syrakus zusätzliche Hilfe durch die Spartaner erhalten hatte. Diese hatten auf Anraten des Alkibiades den versierten Feldherrn Gylippos entsandt, der dann entscheidend an der vernichtenden Niederlage der Athener im Spätsommer 413 v. Chr. beteiligt war. Das athenische Aufgebot wurde gänzlich aufgerieben; und die über 7000 Mann, die die Kämpfe überlebt hatten, kamen in den syrakusanischen Steinbrüchen elend ums Leben. Mit dieser Katastrophe waren die hybriden Pläne einer athenischen Hegemonie auch über den Westen der griechischen Staatenwelt endgültig zunichte gemacht. Noch fast ein Jahrzehnt blieb Athen aber mit Sparta in einem Krieg verwickelt, an dessen Ende der vollständige Zusammenbruch der athenischen Macht stand.

Der Weg in die Niederlage

Nach der Absetzung und dem Seitenwechsel des Alkibiades hielten die Athener unbeirrt an ihrem machtpolitischen Expansionskurs fest. Ihre militärischen Unternehmungen in den Jahren 414 und 413 v. Chr. standen denen der 50er und frühen 40er Jahre kaum nach. Obgleich der Krieg in Sizilien mit unverminderter Kraft fortgesetzt und die dortige Flotte sogar noch einmal um 75 Triéren aufgestockt wurde, hatten die Athener schon 414 v. Chr. auch den Krieg mit den Spartanern wieder begonnen, und durch die Unterstützung des abtrünnigen karischen Dynasten Amorges überwarfen sie sich gleichzeitig auch noch mit den Persern. Die Athener trieben ein gefährliches Spiel, denn das Zerwürfnis mit dem Großkönig führte nicht nur zur Zahlung umfangreicher persischer Subsidien an Sparta, sondern stärkte auch Abfalltendenzen bei den mächtigen und insbesondere zahlungskräftigen Bündnern an der kleinasiatischen Küste und auf den vorgelagerten Inseln.

Das wiederum minderte den Zufluß an Geldern, auf die Athen angesichts der ungeheuren Rüstungsanstrengungen mehr denn je angewiesen war.

Der Druck auf Athen erhöhte sich noch, als 413 v. Chr. die Spartaner erstmals wieder nach 12 Jahren Attika unmittelbar angriffen. Die neue spartanische Offensive war mit einem – auf den Rat des Alkibiades zurückgehenden – Wechsel in der Taktik verbunden: Da die alljährlichen Einfälle eine relativ geringe Wirkung gezeigt hatten, setzten sich die Spartaner nun im attischen Dekeleia am südöstlichen Hang des Parnes dauerhaft fest und errichteten dort einen Stützpunkt, von dem aus sie ständig ganz Attika kontrollieren konnten. Die letzte Phase des Peloponnesischen Krieges wurde daher schon von den Zeitgenossen als „Dekeleischer Krieg" bezeichnet, von dem der parallel verlaufende „Ionische Krieg" in der Ägäis unterschieden wurde, in dem dann die eigentlichen Entscheidungen im athenisch-spartanischen Machtkampf fielen.

Die verheerende Katastrophe in Sizilien, die dauernde Präsenz spartanischer Truppen auf attischem Territorium und schwere militärische Rückschläge in der Ägäis brachten Athen 412/11 v. Chr. in eine prekäre Situation, die auch zu schweren innenpolitischen Spannungen führte. Die antidemokratischen Kräfte in Athen sahen eine Chance, endlich ihre lang gehegten Umsturzpläne zu verwirklichen. Mit Mord und Totschlag schufen sie eine Atmosphäre von Angst und Schrecken in der Stadt und bereiteten den Boden für den Sturz der Demokratie. Durch den Terror der oligarchisch gesonnenen Hetairíen verängstigt und eingeschüchtert, stimmte die athenische Volksversammlung im Juni 411 v. Chr. der Einführung einer neuen Verfassung zu. Alle demokratischen Ämter und Institutionen wurden aufgelöst. Nur noch 5000 Bürger sollten im Besitz der politischen Rechte bleiben, während die Regierungsgeschäfte einem aus 400 Mitgliedern bestehenden Rat übertragen wurden. Das Gremium der 5000 Vollbürger wurde jedoch erst gar nicht konstituiert. Die gesamte Entscheidungsgewalt lag allein beim Rat der 400, den die Putschisten mit ihren Gesinnungsgenossen besetzt hatten.

Lange konnte sich dieser Rat allerdings nicht an der Macht halten, da der erhoffte Ausgleich mit Sparta nicht zustande kam und militärische Mißerfolge das oligarchische Willkürregime weiter schwächten. Wichtige Impulse für den Widerstand gegen die herrschenden Oligarchen gingen auch von dem in Samos stationierten athenischen Flottenverband aus. Hier war quasi eine demokratische Gegenregierung gebildet worden. Alle der Oligarchie verdächtigen Strategen und Trierarchen waren ihrer Ämter enthoben und durch die Wortführer des Widerstands, unter ihnen Thrasybulos und Thrasyllos, ersetzt worden; und auch Alkibiades wurde zu einem der neuen Strategen gewählt. Er hatte schon des längeren seine Rückkehr nach Athen betrieben und zunächst auf die oligarchische Karte gesetzt, hatte dann aber erneut die Seiten gewechselt und sich den Demokraten auf der Flotte vor Samos angeschlossen. In Athen blieb die antioligarchische Bewegung nicht ohne Wirkung. Noch im Herbst 411 v. Chr. wurde die Herrschaft der „Vierhundert" in Athen gestürzt. Es folgte das ebenfalls kurze Zwischenspiel einer gemäßigt oligarchischen Regierung, an der offenbar nur die Bürger der oberen Zensusklassen teilhaben durften. Im Frühsommer 410 v. Chr. wurde dann auch dieser sogenannten „Verfassung der 5000", in die tatsächlich aber wohl weitaus mehr Bürger einbezogen waren, durch die vollständige Wiederherstellung der Demokratie ein Ende bereitet. Der oligarchische Putsch und seine Überwindung hatten die Anfälligkeit des demokratischen Systems in extremen Krisensituationen, zugleich aber auch seine Widerstandskraft deutlich werden lassen.

Der endgültige Sturz der Oligarchie war nicht zuletzt auch eine Folge des glänzenden Seesieges, den die „demokratische" Flotte unter der Führung des Alkibiades bei Kyzikos über die Spartaner errungen hatte. Weitere Erfolge schlossen sich an und schufen die Voraussetzung für die triumphale Rückkehr des Alkibiades nach Athen (408 v. Chr.). Er erschien vielen als Garant für die Überlegenheit Athens im Kampf gegen Sparta. Von allen früheren Anklagepunkten freigesprochen, wählten ihn die Athener zum *hegemón autokrátor* („Oberbefehlshaber mit umfassenden Vollmachten"). Der politische Erfolg des Alkibiades hielt jedoch nur so lange wie der militärische. In der Kriegführung war ihm in dem Spartaner Lysander ein ebenbürtiger Gegner erwachsen, der 407 v. Chr. in einer Seeschlacht bei Notion (nordöstlich von Samos) der athenischen Flotte eine vernichtende Niederlage beibrachte. Enttäuscht über den Mißerfolg verlor Alkibiades abermals die Gunst der Athener und wurde – kaum ein Jahr nach seiner Rückkehr – erneut gestürzt. Er zog sich daraufhin auf seine Besitzungen in der thrakischen Chersones zurück und wurde schließlich 404 v. Chr. nach seiner Flucht zum persischen Satrapen auf Betreiben des Lysander und des damals in Athen herrschenden prospartanischen Regimes ermordet.

Ungeachtet der – vor allem dank persischer Unterstützung – wachsenden Stärke der spartanischen Seemacht hofften die Athener immer noch, den Krieg zu ihren Gunsten entscheiden zu können. Unter Aufbietung aller Kräfte gelang es ihnen, die bei Notion erlittenen Verluste noch einmal auszugleichen und abermals eine Flotte von über 150 Trieren auszurüsten, die dann 406 v. Chr. bei den Arginusen-Inseln südöstlich von Lesbos einen letzten großen Erfolg erringen konnte. Der Sieg über die Spartaner war aber auch für die Athener mit hohen Verlusten verbunden. Da die Strategen wegen eines aufkommenden Unwetters die Schiffbrüchigen nicht mehr retten und die Toten nicht mehr bergen konnten, wurde ihnen nach ihrer Heimkehr in einem skandalösen Verfahren, das allen Rechtsgrundsätzen widersprach, in einer von Demagogen aufgehetzten Volksversammlung der Prozeß gemacht. Als einziger erhob damals Sokrates, der nur 7 Jahre später einem nicht minder üblen Justizmord zum Opfer fallen sollte, seine Stimme gegen die Verurteilung der Strategen.

Mit der Hinrichtung der Strategen hatten sich die Athener ihrer besten und erfahrensten Feldherrn beraubt. Das mag mit ein Grund dafür gewesen sein, daß ihre Flotte 405 v. Chr. am Hellespont bei Aigospotamoi einem Überraschungsangriff des Lysander nicht standhalten konnte und völlig vernichtet wurde. Mit ihrem letzten Schiffsverband hatten die Athener auch jeglichen Rückhalt in ihrem „Seereich" verloren, das dem siegreichen Lysander wie eine reife Frucht zufiel. Zu Tausenden vertrieb Lysander die athenischen Kleruchen aus ihren Siedlungsplätzen an den Küsten und auf den Inseln der Ägäis und zwang sie, in ihrer Heimat Zuflucht zu suchen. Der Flüchtlingsstrom steigerte die ohnehin schon große Not in Athen. Gleich mehrfach hatten die Spartaner die für Athen lebensnotwendigen Nachschubwege unterbrochen: Der Hellespont war gesperrt und in den Gewässern unmittelbar vor der attischen Küste patrouillierte eine Flotte; und zu Lande wurde der spartanische Belagerungsring durch die Garnison in Dekeleia und ein Feldheer im Nordwesten der Stadt bei der Akademie geschlossen. Trotz dieser ausweglosen Lage gaben Politiker wie Kleophon immer noch Durchhalteparolen aus und setzten sogar noch einen Volksbeschluß durch, der allen untersagte, über Friedensbedingungen überhaupt nur zu sprechen. Aber es war nur noch eine Frage der Zeit, bis sich das ausgehungerte Athen der spartanischen Forderung nach einer bedingungslosen Kapitulation beugen mußte. Im Frühsommer des Jahres 404 v. Chr. konnte Lysander mit seiner Flotte in den Piräus einfahren und die Stadt in Besitz nehmen. Und der Geschichtsschreiber Xenophon schreibt, daß man damit begann, „die Festungsmauern unter der Begleitmusik von Flötenspielerinnen mit viel Eifer einzureißen in dem Glauben, jener Tag bedeute für Hellas den Anfang der Freiheit."

404 nimmt Lysander Ath. ein

Das Nachspiel

Um die von den Spartanern propagierte Wiederherstellung der Freiheit und Autonomie der griechischen Einzelstaaten war es allerdings schlecht bestellt. Der politische Kurs Lysanders ließ keinen Zweifel daran, daß Sparta an einer neuen Gesamtordnung, die den Belangen auch der übrigen Staaten Rechnung trug, wenig interessiert war, sondern nichts Geringeres anstrebte als den Ausbau seines eigenen Herrschaftssystems, in das der ehemalige Machtbereich Athens zusätzlich integriert werden sollte. Die Athener profitierten paradoxerweise sogar

Sparta betreibt diese Machtpolitik

noch von dieser Politik. Die Spartaner widersetzten sich nämlich dem Drängen ihrer Bündner – vor allem Korinths und Boiotiens –, Athen völlig zu vernichten, alle Bewohner zu versklaven und die Stadt in eine Viehweide zu verwandeln. Der Fortbestand Athens war der Machtpolitik der Spartaner dienlich, da ein ihnen ergebenes Athen gut als Gegengewicht zu den Eigenständigkeitsbestrebungen der griechischen Mittelmächte eingesetzt werden konnte.

Den Athenern war allerdings nur noch die nackte Existenz ihrer Polis geblieben. Sie hatten alle Außenbesitzungen einschließlich ihrer angestammten Klerucheninseln Lemnos, Imbros und Skyros verloren und mußten in den Kapitulationsbedingungen der Schleifung ihrer Festungsanlagen und der Auslieferung ihrer Flotte zustimmen. Die Regierungsgewalt wurde auf ein 30köpfiges Gremium übertragen, das ausschließlich aus prospartanisch gesonnenen Athenern bestand, darunter auch viele, die bereits 411 v. Chr. am oligarchischen Putsch beteiligt gewesen waren. Diese „Dreißig" besetzten den Rat und die Magistraturen mit ihren Gewährsleuten und begrenzten das athenische Bürgerrecht auf einen Kreis von 3000 Athenern, bei denen es sich wiederum nur um ihre Parteigänger handelte. Mit der Rückendeckung durch eine spartanische Besatzungstruppe entfalteten die „Dreißig" ein Terrorregime, dem in 8 Monaten 1500 Menschen zum Opfer fielen. Willkürliche Verhaftungen und Hinrichtungen waren an der Tagesordnung. Nicht nur politisch mißliebige Personen wurden umgebracht; die „30 Tyrannen" gaben auch Weisung, reiche Athener und Metöken zu ermorden, um sich an deren Vermögen zu bereichern.

Zahllose Menschen verließen ihre Heimat und flohen in die Nachbarstaaten. Hier hatte sich aus Empörung über die andauernde Bevormundung durch Sparta ein Stimmungswandel vollzogen. Die Verbündeten Spartas – allen voran die Boioter –, die kurz zuvor noch die Auslöschung Athens gefordert hatten, unterstützten nun mit allen Mitteln die athenischen Emigranten in ihrem Widerstand gegen das prospartanische Regime der „Dreißig". In Theben sammelte sich um die Athener Thrasybulos, Archinos und Anytos eine demokratische Widerstandsbewegung, die noch im Winter 404/3 v. Chr. die nordattische Grenzfestung Phyle besetzen konnte und von dort einen erbitterten Bürgerkrieg entfesselte. Die anfänglich kleine Schar von kaum mehr als 70 Kombattanten erhielt rasch Verstärkung aus dem ständig wachsenden Strom von Emigranten. Die Zahl der Mitkämpfer war schon auf über 1000 gestiegen, als die Widerständler im Frühjahr 403 v. Chr. in den Piräus einmarschierten. Obgleich die „Dreißig" gestürzt und durch ein versöhnungsbereites zehnköpfiges Regierungskollegium ersetzt wurden, kam es zunächst zu keiner Einigung zwischen den prospartanischen Gruppierungen in der Stadt und den Demokraten im Piräus.

Erst durch die Vermittlung des spartanischen Königs Pausanias fand der Bürgerkrieg im Oktober 403 v. Chr. ein Ende. In einem Siegeszug marschierten Thrasybulos und seine Anhänger in Athen ein und stellten in der Stadt die demokratische Verfassungsordnung wieder her. Grundlage des Ausgleichs zwischen beiden Seiten war eine Generalamnestie für alle Bürgerkriegsverbrechen, von der nur die Mitglieder der „Dreißig" und der „Zehn" ausgenommen wurden. Darüber hinaus mußten die „Demokraten" der Gründung eines oligarchischen Sonderstaates in Eleusis zustimmen, der denjenigen Heimstatt bieten sollte, die der vereinbarten Versöhnung nicht trauen wollten. Bis ins Detail wurde die Koexistenz der beiden attischen Staaten Athen und Eleusis vertraglich geregelt. Die Reparationsleistungen aus dem Peloponnesischen Krieg wurden zwischen den beiden Staaten aufgeteilt, die auch separat ihre Beiträge an den Peloponnesischen Bund zu entrichten hatten. Die antike Mauer, die noch heute gut sichtbar über mehr als 4 km zwischen Parnes und Aigaleos verläuft und die attische von der Thriasischen Ebene scheidet, markierte möglicherweise damals auch nach außen hin die staatliche Teilung Attikas. Was die beiden Staaten trennte, das waren weniger ideologische Gegensätze als vielmehr der Haß und das Mißtrauen wegen der unter der Herrschaft der „Dreißig" und der „Zehn" begangenen Greueltaten. Die weitsichtige Politik eines

Thrasybulos und eines Archinos, die auf einer strikten Einhaltung der Amnestie bestanden, führte daher bereits 401/400 v. Chr. zur Auflösung des eleusinischen Sonderstaates und zur politischen Wiedervereinigung Attikas. Da den Spartanern gegenüber zunächst demonstrativ Loyalität bekundet wurde, verzichteten sie auf eine Intervention und beugten sich den vollendeten Tatsachen.

Mit der Wiederherstellung der Einheit der Polis hatte die athenische Demokratie ihre schwerste Bewährungsprobe erfolgreich überstanden. Weitgehend unangefochten sollte sie weitere 80 Jahre Bestand haben, bis sie 322 v. Chr. dem außenpolitischen Druck Makedoniens erlag. In dieser Zeit stellte die restaurierte Demokratie ihr Beharrungsvermögen und ihre Vitalität unter Beweis. Die verfassungsrechtlichen Neuregelungen des 4. Jahrhunderts veränderten nicht wesentlich die Grundformen der Demokratie, die sich im Verlaufe des 5. Jahrhunderts herausgebildet hatten. Die nach 403 v. Chr. durchgeführte umfassende Gesetzesrevision und die Neuordnung des Gesetzgebungsverfahrens, das von der Ekklesie auf ein gesondertes Gremium von „Nomotheten" übertragen wurde, schränkten die Entscheidungskompetenz der Gesamtbürger-

Bronze-Stimmsteine, wie sie in den Gerichtshöfen verwendet wurden; J. M. Camp, Die Agora von Athen, Philipp von Zabern Verlag, Mainz 1989, S. 123.

schaft nicht grundsätzlich ein. Die stärkere Formalisierung der Verfahrensabläufe, wie etwa die Einführung hoch komplizierter Losverfahren bei der Bestellung der Magistrate und Richter oder die institutionelle Trennung des Vorsitzes im Rat und in der Ekklesie, war nicht Ausdruck dekadenter Erstarrung, sondern entsprach dem Willen, die Kontrollmechanismen zu verfeinern und damit zugleich die Stellung der Volksversammlung zu stärken, für deren Besuch seit den 90er Jahren des 4. Jahrhunderts ein Tagegeld (*ekklesiastikón*) gezahlt wurde. Es gab zwar – nicht zuletzt auch als ein Erbe der Sophistik – einen Trend zur Spezialisierung und Professionalisierung in der Politik; und das Agieren von Berufspolitikern blieb nicht ohne Wirkung auf die politische Alltagskultur. Aber selbst der in der zweiten Hälfte des 4. Jahrhunderts wieder zunehmende Einfluß des Areopags stellte nicht das Prinzip der vollen Souveränität der athenischen Bürgerschaft und die uneingeschränkte Teilhabe aller Athener an den politischen Entscheidungsprozessen in Frage. Und schon im Schatten der makedonischen Vorherrschaft stehend, sicherte die Volksversammlung im Frühjahr 336 v. Chr. durch ein gesondertes Gesetz die Demokratie gegen oligarchische und tyrannische Umsturzversuche.

Die Überwindung der staatlichen Teilung 401/400 v. Chr. schuf für die Athener auch eine wichtige Voraussetzung, um längerfristig gegenüber Sparta einen größeren außenpolitischen Handlungsspielraum zurückzugewinnen. Die konsequent eingehaltene Amnestie hatte das Mißtrauen zwischen den ehemaligen Bürgerkriegsparteien so weit beseitigt, daß für die überwiegende Mehrheit Sparta als Garantiemacht für den Aussöhnungsvertrag überflüssig geworden war. Gleichwohl beteiligten sich die Athener anfangs noch loyal an den militärischen Aktionen des Peloponnesischen Bundes. Man hatte aber in Athen die Hoffnung nicht aufgegeben, das, was 404 v. Chr. endgültig verloren schien, doch noch wiederzuerlangen; es zeichnete sich schon ab, daß Sparta kaum imstande sein würde, den eigenen Herrschaftsbereich zu wahren und zugleich das Machtvakuum dauerhaft zu füllen, das der Zusammenbruch Athens hinterlassen hatte. Eine Chance, ihren Zielen näher zu kommen, bot den Athenern der Krieg gegen die Perser, auf den sich die Spartaner seit 400 v. Chr. in Kleinasien eingelassen hatten, um die dortigen Griechenstädte dem Zugriff des Großkönigs zu entziehen. Ab 398/7 v. Chr. verstärkten beide Seiten ihre Kriegsanstrengungen. Die Perser forcierten vor allem ihre Flottenrüstung und wurden dabei von dem Athener Konon unterstützt. Er war athenischer Stratege in der Schlacht bei Aigospotamoi (405 v. Chr.) gewesen und war nach der Niederlage nach Zypern geflohen, um einer in Athen drohenden Verurteilung zu entgehen. In Zypern hatte er sich in den Dienst des Großkönigs gestellt und war in den Jahren 396–393 v. Chr. als Kommandant führend am persischen Seekrieg gegen die spartanische Flotte beteiligt.

Über Konon knüpften die Athener schon 398/7 v. Chr. ihre ersten Kontakte mit den Persern, die sich dann intensivierten, als der spartanische König Agesilaos 396 v. Chr. an der Spitze eines großen Heeresaufgebotes nach Kleinasien zog. Damals hatte Athen erstmals – wie im übrigen auch Boiotien, Korinth und Argos – den Spartanern die Heeresfolge verweigert. Um dem spartanischen Angriff entgegenzuwirken, suchten die Perser die mittlerweile weit verbreitete antispartanische Stimmung in Griechenland zu nutzen, um dort einen Krieg zu entfachen und damit quasi eine zweite Front gegen Sparta aufzubauen. Es flossen reichlich Gelder, von denen auch Athen profitierte und die 395/4 v. Chr. das Zusammengehen von Boiotien, Korinth, Argos und einigen anderen Staaten mit dem ehemaligen Erzfeind Athen in der antispartanischen, nach ihrem Tagungsort benannten „Korinthischen Allianz" beförderten. Kern dieser Militärallianz war ein Verteidigungsbündnis, das Boiotien und Athen bereits im August 395 v. Chr. geschlossen hatten. Da sich zu diesem Zeitpunkt Boiotien wegen eines Grenzstreits in Mittelgriechenland schon im Krieg mit Sparta befand, kam der Abschluß des Vertrages einer offenen Kriegserklärung Athens an Sparta gleich. Das bedeutete die Aufkündigung des Friedensvertrages von 404 v. Chr., was auch darin zum Ausdruck kam, daß die Athener noch 395/4 v. Chr. mit dem Wiederaufbau ihrer Stadtbefestigung begannen.

Das Kalkül der Perser war aufgegangen. Um den neuen Entwicklungen im griechischen Mutterland Herr zu werden, waren die Spartaner gezwungen, Agesilaos mit seinen Truppen aus Kleinasien abzuziehen. Auf seinem Rückzug nach Sparta konnte Agesilaos im August 394 v. Chr. beim boiotischen Koroneia die Truppen der Korinthischen Allianz schlagen, die schon einige Monate zuvor im Grenzgebiet zwischen Korinth und Sikyon am Nemeabach den peloponnesischen Truppen unterlegen waren. Zur gleichen Zeit (August 394 v. Chr.) brachte aber Konon bei Knidos der spartanischen Flotte eine vernichtende Niederlage bei und löste damit den völligen Zusammenbruch der Vorherrschaft Spartas in der Ägäis aus. Das ließ auch die Athener wieder hoffen, besonders nachdem Konon im Sommer 393 v. Chr. mit einem starken Flottenverband in den Piräus eingelaufen war. Die Athener bereiteten ihm einen triumphalen Empfang. Vergessen waren alle Vorwürfe wegen der Niederlage bei Aigospotamoi angesichts der großen Zahl der Schiffe und der Menge persischen Geldes, das Konon großzügig zur Instandsetzung und zum weiteren Ausbau der athenischen Festungs- und Hafenanlagen und dann auch für die Zurüstung einer neuen Flotte bereitstellte.

Der Landkrieg konzentrierte sich ganz auf die Region um Korinth, wo sich die Gegner über Jahre hinweg in einem letztlich ergebnislosen Stellungskrieg gegenüberlagen, weshalb dann auch das gesamte Kriegsgeschehen zwischen 395/4 und 387/6 v. Chr. als „Korinthischer Krieg" bezeichnet wurde. Erste Friedensbemühungen der Spartaner scheiterten im Sommer 392 v. Chr. in Sardes am entschlossenen Widerstand der Korinthischen Allianz. Die Spartaner hatten den Persern die Preisgabe der kleinasiatischen Griechenstädte angeboten, dafür aber die Festschreibung des Prinzips der Autonomie aller Poleis in Griechenland und in der Ägäis gefordert in der Hoffnung, auf diese Weise jegliche antispartanische Machtkonzentration zu unterbinden. Für Boiotien, Argos und Korinth wäre dies einer endgültigen Unterordnung unter Sparta gleichgekommen. Und den Athenern hätte ein solcher Friede das frühzeitige Ende ihrer gerade erst wieder neu erwachten ehrgeizigen außenpolitischen Ambitionen eingebracht; vor allem aber wollten sie sich nicht mit dem Verlust aller ihrer Außenbesitzungen – insbesondere der Kleruchen inseln Lemnos, Imbros und Skyros – abfinden. Schon ein halbes Jahr später waren die spartanischen Friedensangebote verlockender, die den Athenern im Winter 392/1 v. Chr. auf einer Friedenskonferenz in Sparta unterbreitet wurden. Der athenische Anspruch auf die drei Kleruchen inseln wurde ebenso anerkannt wie das Recht Athens zum Wiederaufbau seiner Befestigungen und seiner Flotte. Das entsprach faktisch einer Annullierung des Friedensvertrages von 404 v. Chr. und einer nachträglichen Billigung der seit 395 v. Chr. von Athen verfolgten Politik.

Gleichwohl lehnten die Athener auch dieses Friedensangebot ab trotz eines engagierten Plädoyers durch den Politiker Andokides, der als Mitglied der athenischen Gesandtschaft in seiner uns heute noch im Wortlaut erhaltenen „Friedensrede" die Athener nachdrücklich darauf hinwies, daß nur durch die Annahme dieser Friedensbedingungen die Grundlagen für eine künftige machtvolle Außenpolitik Athens geschaffen werden könnten. Die Mehrheit der Athener wollte sich aber mit dem Angebotenen nicht mehr zufriedengeben. Gerade einmal zwölf Jahre nach dem Desaster des Peloponnesischen Krieges überwogen wieder die Stimmen derer, die eine Rückkehr Athens zur Seebundspolitik des 5. Jahrhunderts forderten und die in der Schwäche Spartas eine Chance sahen, die verlorene Machtstellung vollständig zurückzugewinnen. Bezeichnend für die übersteigerten Erwartungen der Athener war, daß sie ihre Gesandten sogar wegen schlechter Verhandlungsführung vor Gericht zogen und diese sich dem Todesurteil durch Flucht entziehen mußten.

Wie schon in der letzten Phase des Peloponnesischen Krieges verlagerte sich in den folgenden Jahren das Kriegsgeschehen zunehmend in den ägäisch-kleinasiatischen Raum. Die persisch-spartanischen Auseinandersetzungen nahmen dort erneut an Schärfe zu; und auch die Athener ließen keinen Zweifel mehr an ihrer Entschlossenheit, in der Ägäis wieder eine eigenständige Machtpolitik zu betreiben. 390 v. Chr. wurde auf

Initiative des Thrasybulos und unter seiner Leitung eine attische Flottenexpedition in die Ägäis entsandt, die ganz systematisch das Ziel verfolgte, die athenische Vormacht im östlichen Mittelmeerbereich wiederaufzurichten und mit allen Mitteln eine Restauration des verlorenen Seereiches anzustreben. Nach großen Erfolgen in der Nordägäis und der Rückgewinnung aller Poleis auf Lesbos wandte sich Thrasybulos gegen die ionischen Insel- und Küstenstädte, um auch dort die Vorherrschaft Athens wiederherzustellen. Konsequent bewegte er sich dabei in den alten Bahnen der athenischen Seebundspolitik. Er ließ die Instrumentarien des Verfassungsumsturzes, der Stationierung von Garnisonstruppen und der Bestellung von Aufsichtsbeamten wieder aufleben und führte auch die alten Handelszölle wieder ein. Bis weit in den lykischen und pamphylischen Raum dehnte Thrasybulos seine Seeoperationen aus und stieß damit in Regionen jenseits der Chelidonischen Inseln vor, die im 5. Jahrhundert die äußersten Grenzen der athenischen Einflußsphäre gebildet hatten. Und nachdem Thrasybulos 389 v. Chr. in Pamphylien ein unrühmliches Ende gefunden hatte, wo er von den Bewohnern der Stadt Aspendos erschlagen wurde, setzten die Nachfolger Agyrrhios und Iphikrates sein Werk zunächst in gleichem Sinne fort.

Im Jahre 387/6 v. Chr. fanden dann aber die athenischen Seereichsträume ein rasches Ende, nachdem es dem Spartaner Antalkidas gelungen war, mit persischer und auch sizilischer Unterstützung die Kontrolle über den Hellespont an sich zu bringen, und zur gleichen Zeit äginetische und spartanische Schiffe auch die Seehandelsverbindungen im Saronischen Golf blockierten. Damit wiederholte sich die Situation des Jahres 405/4 v. Chr.: Die Sperrung des Hellespont und des Piräus zwang die Athener erneut zur Aufgabe. Sie mußten in die Friedensbedingungen einwilligen, die Antalkidas mit den Persern ausgehandelt hatte und die der Großkönig den in Sardes versammelten Griechen wie ein Diktat 387 v. Chr. verkünden ließ („Königsfrieden" oder „Antalkidasfrieden"). Der Großkönig reklamierte „die Städte in Asien ... und von den Inseln Klazomenai und Zypern" für sich und erklärte alle „übrigen griechischen Poleis, kleine wie große"

106

für autonom. Den Athenern wurde zumindest noch der Besitz der Kleruchheninseln Lemnos, Imbros und Skyros zugestanden; im übrigen aber wurde den athenischen Machtambitionen in der Ägäis eine klare Absage erteilt.

Mit der Beeidung der im Königsfrieden festgelegten Bedingungen auf einer Folgekonferenz in Sparta wurde im Frühjahr 386 v. Chr. mit dem Korinthischen Krieg das lange Nachspiel des Peloponnesischen Krieges beendet. Die generelle Festschreibung des Autonomieprinzips für die gesamte griechische Staatenwelt sollte die Grundlage einer allgemeinen Friedensordnung (*koiné eiréne*) bilden. Damit war der Königsfrieden ein erster konstruktiver Lösungsversuch für die machtpolitischen Konflikte, die auch das Ende des Peloponnesischen Krieges nicht hatte beseitigen können. Daß diese auf gegenseitige Akzeptanz gründende Lösung auf Dauer nicht trug und immer wieder am Machtwillen einzelner Staaten scheiterte, steht auf einem anderen Blatt.

V. Der Versuch einer Neubegründung der Macht: Der neue Seebund

Mit dem Königsfrieden hatte sich in Athen eine nüchternere Betrachtungsweise der außenpolitischen Handlungsmöglichkeiten eingestellt. Die Träume von der Wiedererrichtung der alten Vorherrschaft waren vorerst ausgeträumt; und nun versuchten die Athener sich unter den Rahmenbedingungen des Königsfriedens neu einzurichten. Das bedeutete aber keineswegs einen außenpolitischen Stillstand. Unter strikter Wahrung der im Königsfrieden eingegangenen Verpflichtungen steuerte Athen einen außenpolitischen Kurs, der sich stets am politisch Möglichen orientierte, hier aber durchaus die Grenzen des Machbaren auszuloten suchte. Ein Baumeister dieser neuen Politik war Kallistratos aus dem attischen Demos Aphidnai. Er verstand es, die Athener auf einen Kurs einzuschwören, der von vornherein überzogenen Großmachtgelüsten eine Absage erteilte und die Durchsetzung eines attischen Führungsanspruches im Konzert der Mächte mit Augenmaß verfolgte. Während die Spartaner alles daran setzten, unter Verweis auf die Autonomieklausel des Königsfriedens jegliche antispartanische Machtkonzentration zu zerschlagen und durch eine bewußte Atomisierung der Poliswelt den eigenen Einflußbereich über ganz Griechenland bis hin nach Makedonien und auf die Chalkidike auszudehnen, waren die Athener vornehmlich darum bemüht, ihre Außenbeziehungen zu den Staaten der Ostägäis zu konsolidieren. Aufgrund der Abhängigkeit von den großen Getreidehandelsrouten in das Schwarzmeergebiet und über die Dodekanes nach Ägypten war Athen darauf angewiesen, seinen Einfluß in dieser Region auch nach 387/6 v. Chr. soweit wie möglich aufrechtzuerhalten.

Zwar war an eine Wiederaufnahme direkter Beziehungen zu den ehemals verbündeten Poleis an der kleinasiatischen Küste nicht zu denken, aber die im Königsfrieden allen anderen Staaten zugesicherte Autonomie eröffnete die Chance, zumindest die alten Verbindungen zwischen Athen und den der Küste vorgelagerten Inselstaaten weiterhin zu pflegen. Nachdem bereits 386/5 v. Chr. mit dem thrakischen Odrysenreich eine Allianz geschlossen und damit die Verträge erneuert worden waren, die Thrasybulos vier Jahre zuvor abgeschlossen hatte, wurde im Sommer 384 v. Chr. das Bündnis zwischen Athen und Chios wieder neu begründet, jetzt allerdings mit ausdrücklichem Bezug auf die Regelungen des „Königsfriedens" und der Zusicherung von Freiheit und Autonomie als vertraglicher Grundlage. Zu Beginn der 70er Jahre konnten die Athener das Netz ihrer Außenbeziehungen noch weiter verdichten. Auf der Basis des Königsfriedens wurden vertragliche Vereinbarungen mit Tenedos, Mytilene, Methymna, Rhodos und Byzantion abgeschlossen. Der Rekurs auf den Königsfrieden war dabei nicht nur eine Absicherung gegen die allgegenwärtige spartanische Interventionspolitik, sondern diente zugleich auch der Beruhigung Persiens, das das erneute Anwachsen des athenischen Einflusses unmittelbar vor der kleinasiatischen Küste nicht ohne Argwohn verfolgt haben dürfte.

Das unverhohlene Hegemoniestreben Spartas in den 80er und frühen 70er Jahren führte zu einer stärkeren Annäherung zwischen Athen auch mit dem boiotischen Theben. Die Klauseln des Königsfriedens hatten den Spartanern dazu gedient, den boiotischen Bundesstaat zu zerschlagen, in den einzelnen Städten ihre Parteigänger an die Macht zu bringen und in Theben 382 v. Chr. sogar eine Garnison zu stationieren. Wie Theben 404/3 v. Chr. die Athener, so unterstützte 379/8 v. Chr. Athen die Thebaner in ihrem Widerstand gegen das prospartanische Regime in ihrer Heimatstadt, das in einem Handstreich gestürzt werden konnte. Trotz spartanischer Interventionsversuche konnte Theben in den folgenden Jahren den boiotischen Bund unter seiner Ägide neu konstituieren, ganz auf seine führende Position hin zuschneiden und damit die Grundlagen für seinen raschen, aber auch nur kurzen Machtaufstieg in den 60er Jahren schaffen. Athen und Theben, die 378 v. Chr. ein Bündnis schlossen, standen zunächst noch in einer gemeinsamen Interessenkoalition gegen Sparta, das damals auch gegenüber Athen einen offenen Konfrontationskurs eingeschlagen hatte. Obgleich völlig mißlungen, machte 378 v. Chr. der Blitzangriff auf den Piräus durch ein spartanisches Kontingent unter Führung des Sphodrias dies nur allzu deutlich.

Die Haltung Spartas dürfte sich umso mehr verhärtet haben, als Athen noch im gleichen Jahr daran ging, die bis dahin abgeschlossenen bilateralen Verträge zu bündeln und aus ihnen ein einheitliches und umfassendes Bündnissystem mit einer festen Organisationsstruktur zu formen. Das zentrale Beschlußorgan war ein Bundesrat (*synhédrion*), in dem jeder Mitgliedsstaat eine Stimme hatte, in dem Athen selbst aber nicht vertreten war; vielmehr mußte über die Beschlüsse des Bundesrates in der attischen Volksversammlung zusätzlich beraten werden. Synhedrion und Ekklesie stimmten also getrennt ab, waren aber in ihren Beschlüssen voneinander abhängig. Dieses Verfahren sicherte den Bündnern ein gewisses Maß an Eigenständigkeit, beließ aber Athen eine klare Vorrangstellung. So entstand genau 100 Jahre nach der Gründung des ersten attischen Seebundes der sogenannte „zweite attische Seebund".

Die „Charta" dieses Seebundes – ein Volksbeschluß vom Februar/März 377 v. Chr., mit welchem Athen allen Hellenen und Barbaren, soweit sie nicht Untertanen des Großkönigs waren, zum Eintritt in diesen Bund aufforderte – bekräftigte noch einmal den Willen der Athener, die im Königsfrieden festgelegten Grundregeln des politischen Zusammenlebens uneingeschränkt anzuerkennen, die Wahrung der Freiheit und Autonomie jedes einzelnen Staates zu garantieren und die territorialen Besitzansprüche des Großkönigs in Kleinasien unangetastet zu lassen. Allen beitrittswilligen Staaten wurde die Freiheit von Tributen, Besatzungen und fremden Aufsichtsbeamten zugesichert. Den Athenern wurde jeglicher Erwerb von Grundbesitz im Bündnergebiet untersagt. Diese Satzung trug deutlich die Handschrift des Kallistratos und war ein klares Bekenntnis zur Abkehr von den Herrschaftsprinzipien des ersten Seebundes. Die Konzeption war ein geschickter Schachzug im Ränkespiel der konkurrierenden Mächte. Die Stoßrichtung zielte erklärtermaßen gegen Sparta, das sich durch seine Herrschaftspolitik desavouiert hatte und dessen Rolle als Verteidiger (*prostátes*) des Königsfriedens nun Athen zu übernehmen gedachte.

Dem neuen Seebund war ein außerordentlicher Erfolg beschieden. Nach wenigen Jahren war die Zahl seiner Mitglieder auf ca. 70 gestiegen. Alle Versuche Spartas, dieser Entwicklung militärisch entgegenzuwirken, blieben vergeblich. Letztlich ebenso erfolglos waren aber auch die Bemühungen von allen Seiten, auf insgesamt drei internationalen Konferenzen 375 und 371 v. Chr. durch eine Erneuerung des Königsfriedens eine umfassende Friedens- und Sicherheitsordnung (*koiné eiréne*) für den östlichen Mittelmeerraum zu schaffen. Ein Interessensausgleich zwischen allen Staaten scheiterte immer wieder an den Machtambitionen einzelner. Ende der 70er Jahre waren es die Hegemoniebestrebungen Thebens, die zu einer Neugewichtung der Mächtekonstellation in Griechenland führten und alle Hoffnungen auf eine Stabilisierung der Verhältnisse vorerst begruben. Mit dem überlegenen Sieg über die Spartaner beim boiotischen Leuktra 371 v. Chr. war Theben als neue Führungsmacht auf den Plan getreten. Binnen kurzer Zeit konnten die Thebaner dank des militärischen und diplomatischen Geschicks ihrer ehrgeizigen Politiker Pelopidas und Epameinondas in Mittelgriechenland ein weit gefächertes Bündnissystem installieren. Zu Beginn der 60er Jahre dehnte Theben seinen Einflußbereich auch auf die Peloponnes aus und konnte nach dem Aufbau einer eigenen Flotte zeitweilig sogar in der Ostägäis Fuß fassen.

Theben wurde so zu einem für Athen und Sparta gleichermaßen bedrohlichen Machtgebilde, das den Willen zum friedlichen Ausgleich zwischen diesen beiden Mächten entscheidend förderte. Schon vor der Schlacht bei Leuktra hatte der athenische Politiker Kallistratos auf eine Annäherung an Sparta hingearbeitet. 369 v. Chr. kam es dann zu einem förmlichen Bündnisschluß zwischen den Athenern und Spartanern und ihren jeweiligen Bundesgenossen. Dieses Zusammengehen erinnert in gewisser Weise an das athenisch-spartanische Bündnis von 421 v. Chr. Es war der Versuch einer Restaurationspolitik der alten Mächte angesichts des Aufkommens neuer politischer Kräfte. Ein konstruktiver Neuansatz war nirgendwo zu erkennen; und so blieben auch die 60er Jahre von den Rivalitäten und den ständig wechselnden Koalitionen der um die Vorherrschaft ringenden Mächte geprägt. Der Ausgang der Schlacht bei Mantinea, an der fast alle tonangebenden Poleis beteiligt waren und die einen Kristallisationspunkt der Machtkämpfe in Griechenland darstellte, wurde 362 v. Chr. zu einem Sinnbild für die Aporie der politischen Verhältnisse: Alle nahmen für sich den Sieg in Anspruch, und auf beiden Seiten wurde ein Siegeszeichen errichtet.

Athens Lage hatte sich in den 60er Jahren erheblich verschlechtert. In Griechenland verlor es zunehmend an Einfluß und 366 v. Chr. mußte es sogar den Verlust des gesamten Gebietes von Oropos hinnehmen, das Theben seinem Territorium einverleibt hatte. Die Gegnerschaft zu Theben wirkte sich auch auf den athenischen Seebund und die Machtposition Athens in der Ägäis aus. 367 v. Chr. war es den Thebanern gelungen, bei Verhandlungen am persischen Königshof in Susa Artaxerxes II.

auf ihre Seite zu ziehen und sich mit der Forderung nach einer Demobilisierung der athenischen Flotte durchzusetzen. Daß die Athener diese Forderung brüskiert ablehnten, lag auf der Hand. Enttäuscht über die persische Kehrtwendung kündigten die athenischen Gesandten an, sich einen anderen Freund als den Großkönig zu suchen. Und dieser Freund fand sich schnell in dem Perser Ariobarzanes, der damals gegen Artaxerxes II. revoltierte und die Reihe der Satrapenaufstände eröffnete, die im folgenden Jahrzehnt den kleinasiatischen Machtbereich des Perserkönigs erschütterten und die durch den Königsfrieden gezogenen Grenzen ins Wanken brachten.

Zur Unterstützung des Ariobarzanes entsandten die Athener 366 v. Chr. ihren Strategen Timotheos, einen Sohn Konons, der schon in den 70er Jahren am Aufbau des neuen Seebundes entscheidenden Anteil hatte. Die groß angelegte Flottenexpedition in die Ägäis verfolgte aber wohl nicht nur uneigennützige Ziele, sondern war offenbar auch von der Erwartung getragen, für die Stärkung der eigenen Machtposition etwas gewinnen zu können. Gleichwohl erhielt Timotheos strikte Anweisung, sich an die Vorgaben des Königsfriedens zu halten. Die persische Seite hatte hingegen kurz zuvor erstmals gegen den Königsfrieden verstoßen, als der Untersatrap Tigranes eine Garnison in Samos stationiert und damit die im Friedensvertrag festgelegten territorialen Grenzen überschritten hatte. Dieses Vorgehen bot Timotheos die Handhabe, Samos zu belagern und einzunehmen. Nach der Eroberung der Insel entschlossen sich die Athener, diesen wichtigen Vorposten in der Ägäis nicht ihrem Seebund anzugliedern, sondern in eine attische Kleruchie umzuwandeln. Die Bewohner wurden vertrieben und 2000 athenische Kleruchen auf der Insel angesiedelt, denen in den folgenden Jahrzehnten noch einige weitere tausend Siedler folgten. Nach demselben Muster wurde wenig später auch mit Poteidaia, Sestos und der thrakischen Chersones verfahren. Die Athener bauten sich auf diese Weise einen Machtbereich auf, der neben dem des Seebundes stand und auf den sie daher einen unmittelbaren Zugriff hatten.

Formal stellte dieses Vorgehen keinen Bruch der Seebundsvereinbarungen dar, da sich die Verzichtserklärung Athens auf die Einrichtung von Kleruchien nur auf die Bündnerterritorien bezog. Gleichwohl konnte diese Politik nicht ohne Auswirkungen auf das Verhalten der Bündner bleiben, zumal Athen auch ansonsten eine rauhere Tonart in der Außenpolitik anschlug: Es kam zur Eintreibung von Kontributionen und der Stationierung von Besatzungstruppen auch im Bündnergebiet. Selbst wenn sich für diese Maßnahmen im Einzelfall situationsbedingte Gründe anführen ließen, war die neue außenpolitische Gangart Athens für die Bündner doch unübersehbar und mußte ungute Erinnerung an die Zeiten der attischen Herrschaft im ersten Seebund wachrufen. Athen geriet immer stärker in das Fahrwasser der überkommenen Seebundspolitik des 5. Jahrhunderts; und nicht von ungefähr verlor in jenen Jahren Kallistratos – wie auch manch' anderer seiner Mitstreiter – seinen politischen Einfluß und mußte sich schließlich ins Exil begeben, um einem drohenden Todesurteil zu entkommen. Vor diesem Hintergrund konnte es nicht verwundern, daß sich bei den Bündnern in der Ägäis eine antiathenische Stimmung und Unabhängigkeitsbestrebungen breit machten, die durch die sich verschärfende persisch-athenische Konfrontation im Ägäisbereich zusätzlichen Auftrieb erhielten.

Welche Gefahren den Athenern hier drohten, wurde deutlich, als die neu aufgebaute thebanische Flotte unter Epameinondas 364 v. Chr. in der Ägäis aufkreuzte und nicht nur an der Propontis (Marmarameer) die athenischen Positionen in Bedrängnis brachte, sondern bis in rhodische Gewässer vorstieß und sogar an der karischen Festlandküste operierte. Neben Byzantion fielen damals auch Chios und Rhodos von Athen ab. Da nach der Schlacht bei Mantinea, in der Epameinondas den Tod fand, im griechischen Mutterland die thebanische Hegemonie rasch in sich zusammenbrach, konnten die Thebaner nach 362 v. Chr. auch ihre „überseeischen Erfolge" nicht mehr nutzen. Byzantion, Chios und Rhodos kehrten allerdings nicht mehr in das athenische Bündnissystem zurück, sondern suchten in den Wirren der Satrapenaufstände den Anschluß an den karischen Dynasten Mausollos von Halikarnassos, dem die Erfolge des Epameinondas wie reife Früchte zufielen. Mausollos nutzte die Gunst der Stunde und dehnte seinen Einflußbereich über Karien hinaus aus, indem er mit Byzantion, Chios, Rhodos und Kos ein gemeinsames Bündnissystem aufbaute, das dann in den folgenden Auseinandersetzungen mit Athen den ausschlaggebenden Rückhalt gab.

In Mausollos erwuchs den Athenern ein gefährlicher Gegner, der sich in Konkurrenz zu Athen zum Fürsprecher der griechischen Staatenwelt in der Ostägäis stilisierte. Seinen Bestrebungen, den eigenen Machtbereich über Karien hinaus auf die vorgelagerte Inselwelt auszudehnen, wollte Athen daher nicht tatenlos zusehen. Mit einem Angriff auf Chios eröffneten die Athener 356 v. Chr. den „Bundesgenossenkrieg", der ein Jahr später desaströs endete: Das in der Vergangenheit mühsam geknüpfte außenpolitische Beziehungsgeflecht in der Ägäis war zerrissen. Athen mußte Chios, Rhodos und Byzantion die Unabhängigkeit vom Seebund zugestehen und hatte damit seine wichtigsten Bundesgenossen verloren. Nur die Kleruchie auf Samos konnte erfolgreich verteidigt werden und bildete nunmehr einen isolierten Vorposten in der südöstlichen Ägäis. Im übrigen erstreckte sich der Einfluß der Athener nur noch auf die Kykladen und vor allem auf Teile der Nordägäis, die ihnen aber schon bald von Philipp II., dem neuen makedonischen König, streitig gemacht werden sollten, der – von vielen gefürchtet und gehaßt, von vielen aber auch herbeigewünscht – die Hegemonie über die griechische Staatenwelt an sich zu bringen suchte.

VI. Der vergebliche Kampf um die Freiheit: Im Schatten Makedoniens

Der Ausgang des Bundesgenossenkrieges hatte in Athen einen politischen Stimmungsumschwung herbeigeführt. Die Parolen derer, die immer noch an eine Restauration der alten

Vormachtstellung glaubten, verfingen nicht mehr. Die außenpolitischen Erfolge, aber auch die Erträge des wirtschaftlichen Aufschwungs der 70er Jahre waren in den vergangenen Kriegsjahren verspielt worden. 374 v. Chr. hatten die Athener der Friedensgöttin Eiréne einen eigenen Kult eingerichtet; wenig später wurde die von dem Bildhauer Kephisodotos, dem Vater des Praxiteles, geschaffene Statue der Eiréne, die auf ihrem Arm Plutos (den personifizierten Reichtum) trug, auf der Agorá aufgestellt. Die hierin zum Ausdruck kommenden Hoffnungen auf dauerhaften Frieden und Wohlstand hatten sich in der Folgezeit nicht erfüllt. Unter der Führung des Politikers Eubulos schwenkte daher Athen ab 354 v. Chr. auf einen politischen Kurs ein, der primär auf eine Konsolidierung und Stabilisierung der wirtschaftlichen und sozialen Verhältnisse in Athen abzielte und in der Außenpolitik eine eher defensive, auf Besitzstandswahrung ausgerichtete Linie verfolgte. Kern dieser Politik war eine grundlegende Neuordnung des staatlichen Finanzwesens. Die Kasse, die zunächst nur der Verwaltung der Gelder für den Besuch der Theaterfestspiele (*theoriká*) diente, wurde neben der Kriegskasse (*stratiotikón*) zu einer zentralen Kasse (*theorikón*) ausgebaut, in die alle staatlichen Überschüsse hineinflossen und die schließlich zum wichtigsten Steuerungs- und Kontrollinstrument der gesamten athenischen Finanz- und Wirtschaftspolitik wurde.

Die Leitung dieser Theorikón-Kasse wurde auf ein Beamtenkollegium (*hoi epí to theorikón*) übertragen, das für jeweils 4 Jahre von der Volksversammlung gewählt wurde. Aufgrund der weitreichenden Kompetenzen und Einflußmöglichkeiten entwickelte sich dieses Wahlamt zu einem politischen Lenkungsgremium, das den führenden Politikern die Möglichkeit gab, ihre Stellung – bei permanenter Kontrolle durch die Gesamtbürgerschaft – auch institutionell zu verankern. So konnte Eubulos aus dieser Position heraus zwischen 354/3 und 339/8 v. Chr. eine Politik betreiben, die Athen zu einer neuen Prosperität führte, von der auch zahlreiche öffentliche Bauvorhaben zeugten. Die Belebung der Wirtschaft ließ die Staatseinkünfte von 130 auf 400 Talente ansteigen.

Eubulos stärkte durchaus auch die militärische Infrastruktur Athens und forcierte – wie dann auch sein „Nachfolger" Lykurg – vor allem den Ausbau der Flotte, so daß Athen schließlich mit fast 400 Triéren über den größten Schiffsbestand seiner Geschichte verfügte und die mit Abstand stärkste griechische Seemacht war. Gleichwohl hielt er konsequent an einer zurückhaltenden Außenpolitik fest, die sorgsam darauf bedacht war, nicht abermals in die Fehler der Vergangenheit zu verfallen, und die auf einer Sicherung und Festigung der verbliebenen Machtpositionen Athens begrenzt blieb. In der südöstlichen Ägäis vermieden die Athener daher jedes militärische Engagement. 351 v. Chr. hielten sie unbeirrt fest an der von Demosthenes heftig, aber vergeblich attackierten Politik der Nichteinmischung in die inneren Auseinandersetzungen in Rhodos; und die Vereinnahmung der ehemals mit Athen verbündeten Inselstaaten Chios, Kos und Rhodos in ein von Mausollos und seinen Nachfolgern beherrschtes Protektorat wurde widerspruchslos hingenommen.

Gegenüber Makedonien nahmen die Athener eine eher abwartende Haltung ein. So beteiligten sich 352 v. Chr. athenische Truppen zwar an der Abwehr eines ersten makedonischen Angriffs auf Mittelgriechenland, und gleichzeitig versuchten die Athener – allerdings nur mit mäßigem Erfolg –, den ersten Ausgriffen Philipps auf Thrakien und den Hellespont entgegenzuwirken. Aber das aggressive Vorgehen Philipps gegen den chalkidischen Städtebund 349/8 v. Chr. löste trotz eindringlicher Mahnungen des Demosthenes nur eine sehr zögerliche Reaktion aus, so daß die Athener die Eroberung und vollständige Zerstörung der damals sogar mit ihnen verbündeten Stadt Olynth nicht mehr verhindern konnten. Als dann 346 v. Chr. auf Vermittlung des Atheners Philokrates ein Frieden mit Philipp zustande kam, mußte man sich in Athen mit einer Festschreibung des Status quo unter Aufgabe alter Besitzansprüche an der thrakischen Küste zufrieden geben; auch widersetzte man sich nicht der makedonischen Eroberung von Phokis, durch die sich Philipp Sitz und Stimme im internationalen Verwaltungsrat der Amphiktyonie von Delphi verschaffen und

Makedonien als Vormacht in Mittelgriechenland etablieren konnte.

Der „Philokrates-Frieden" hatte nicht wirklich zu einer Entschärfung der Lage geführt, da Philipp ungeachtet der getroffenen Vereinbarungen seine offensive Hegemonialpolitik fortsetzte. Er konnte sich dabei der Unterstützung promakedonischer Parteigänger in den griechischen Poleis sicher sein, die – wie etwa die Athener Isokrates und Aischines – in ihm einen Garanten für die Stabilisierung der durch Kriege und innere Unruhen zerrissenen griechischen Staatenwelt erblickten. Angesichts der ungehemmten makedonischen Expansion, die das Machtgefüge im gesamten östlichen Mittelmeerraum zu erschüttern und die Grundlagen des Königsfriedens ein für alle Male zu zerstören drohte, gewannen jedoch Ende der 40er Jahre nicht nur in Athen die Makedonengegner die Oberhand. Unermüdlich hatte sich Demosthenes für das Zustandekommen einer antimakedonischen Front in Griechenland stark gemacht. 341/40 v. Chr. konnte er gemeinsam mit seinem Mitstreiter Hypereides schließlich eine Allianz gegen Philipp zusammenbringen, der neben vielen griechischen Staaten im Mutterland auch Byzantion und Abydos beitraten und die ebenso die wohlwollende Unterstützung von Chios, Kos und Rhodos und damit fraglos auch des Mausollos erhielt. Durch die Belagerung von Byzantion und die Kaperung einer athenischen Getreideflotte provozierte Philipp 340 v. Chr. die Kriegserklärung Athens. Mit der erfolgreichen Verteidigung von Byzantion war der demosthenischen Politik ein erster Teilerfolg beschieden, der aber schon ein Jahr später – am 2. August 338 v. Chr. – in der Schlacht beim boiotischen Chaironeia wieder zunichte gemacht wurde. Die Athener und ihre Verbündeten – allen voran die Thebaner, die sich erst kurz zuvor dem antimakedonischen Hellenenbund angeschlossen hatten – waren endgültig mit ihrem Versuch gescheitert, die Makedonen an einem weiteren Vordringen nach Griechenland zu hindern.

Die Athener waren nach der katastrophalen Niederlage bei Chaironeia zunächst zum verzweifelten Widerstand entschlos-

> Demosthenes ruft zum ath. Widerstand auf
> Schl. Allianz ge. Philipp m. vielen
Verbündeten → 340 erklärt Athen Mak.
den Krieg → 338 bei Chaironeia Niederlage

sen und hatten ihre Stadt in den Verteidigungszustand versetzt. Die militärische Konfrontation blieb jedoch aus, da Philipp einen in Anbetracht der ausweglosen Lage Athens überaus entgegenkommenden Freundschafts- und Bündnisvertrag anbot. Die Athener mußten zwar auf ihre Außenbesitzungen auf der thrakischen Chersones verzichten und ihren Seebund auflösen, behielten aber ihre Klerucheninseln Lemnos, Imbros und Skyros und auch Samos sowie die Verfügungsgewalt über Delos; darüber hinaus wurde ihnen das Gebiet von Oropos wieder zugesprochen. Athen trat auch dem „Korinthischen Bund" bei, in dem sich 337 v. Chr. unter der Ägide des makedonischen Königs fast alle Staaten des griechischen Mutterlandes und der Ägäis zu einem Staatenbund zusammengeschlossen hatten. Makedonien selbst gehörte dem Bund nicht an, sondern war mit ihm nur über die Person des Königs verbunden, dem als gewählten Hegemon die Führungsrolle zustand. Philipp wollte mit der Gründung dieses Bundes, der an die traditionellen Formen der seit dem Königsfrieden immer wieder beschworenen *koiné eiréne* anknüpfte, seine Herrschaft über Griechenland auch institutionell absichern; zugleich suchte er sich dadurch eine Basis zu verschaffen für den von ihm geplanten „Rachefeldzug" gegen Persien, dessen Durchführung der Korinthische Bund den Wünschen Philipps entsprechend unmittelbar nach seiner Konstituierung beschloß.

Über erste vorbereitende Aktionen war der Perserzug noch nicht hinausgelangt, als Philipp im Sommer 336 v. Chr. einem Mordanschlag zum Opfer fiel und sein Sohn Alexander die Nachfolge antrat. Mit einem Schlage zeigte sich die Brüchigkeit des Korinthischen Bundes, der in den Augen der meisten Griechen eben doch nur ein Herrschaftsinstrument der makedonischen Könige war. Allenthalben regte sich Widerstand gegen Alexander, insbesondere nachdem das Gerücht aufkam, der neue König sei auf einem Feldzug in Illyrien gefallen. Demosthenes, auf dessen Antrag hin der Rat in Athen schon zuvor ein Dankopfer für die Ermordung Philipps beschlossen hatte, präsentierte sogar einen angeblichen Augenzeugen von Alexanders Schlachtentod, um die Stimmung anzuheizen.

118

Athen und vor allem Theben stellten sich an die Spitze der antimakedonischen Bewegung, die von der Überzeugung getragen wurde, daß Makedonien zu einem erneuten Angriff auf Griechenland nicht imstande sei. Als sich daher die Nachricht von Alexanders Tod als falsch herausstellte und der König zur Überraschung aller plötzlich mit einem Heer vor Theben stand, rührte sich auch in Athen keine Hand mehr, um die zum Widerstand entschlossenen Thebaner zu unterstützen. Theben wurde zerstört und die überlebende Bevölkerung versklavt. Nach diesem Strafgericht brach 335 v. Chr. der Widerstand vollständig zusammen, und jede Polis beeilte sich, Alexander ihre Loyalität zu versichern.

Obgleich sich die Athener mit ihrem Verhalten weit hervorgewagt hatten, kamen sie noch einmal glimpflich davon. In Verhandlungen gelang es sogar, Alexander von seiner ultimativen Forderung abzubringen, die führenden Makedonengegner, unter ihnen Demosthenes und Lykurg, auszuliefern. Alexander brauchte freie Hand für den Feldzug gegen Persien, und er benötigte dafür auch die athenische Flotte. Grund genug, Athen zu schonen und auch mit den übrigen Poleis des Korinthischen Bundes gnädig zu verfahren. Mißtrauen blieb aber dennoch. Alexander begrenzte daher offenbar bewußt die Beteiligung regulärer griechischer Truppenkontingente am Heeresaufgebot für den Perserzug: Von den 32 000 Mann Fußvolk und 5500 Reitern boten die Staaten des Korinthischen Bundes gerade einmal 7000 Hopliten und 600 Reiter auf; nur an der Flotte waren sie zwangsläufig stärker beteiligt, da die Makedonen noch über keine nennenswerte Marine verfügten. Um sich während des Feldzuges den Rücken freizuhalten und gegen eventuelle Unruhen gewappnet zu sein, ließ Alexander 334 v. Chr. seinen Gefolgsmann Antipatros als Statthalter (*strategós*) „in Europa" zurück.

Es stand für die Athener außer Frage, daß unter den gegebenen Umständen an einen offenen Widerstand gegen Makedonien nicht mehr zu denken war. Das Verhältnis zum makedonischen Herrscher blieb jedoch weiterhin angespannt, zumal schon das Verhalten Alexanders gegenüber den kleinasiatischen Griechenstädten nur allzu deutlich zeigte, daß es um die viel beschworene Freiheit der Poleis nicht gut bestellt war. Wollte man aber längerfristig eine Änderung der Verhältnisse herbeiführen, galt es im Augenblick eine pragmatische und am politisch Machbaren orientierte Politik zu betreiben, die aber das Fernziel nie aus dem Auge verlor. Und es war eben diese politische Linie, der die Athener bis 324 v. Chr. unter der maßgeblichen Führung des Lykurg konsequent folgten. 336 v. Chr. war Lykurg in das neu geschaffene vierjährige Amt des „Leiters der Staatsfinanzen" (*ho epí tê dioikései*) gewählt worden und nutzte in den folgenden 12 Jahren dieses Amt – zunächst als Amtsinhaber, sodann über Gewährsmänner –, um seinen, die Geschicke Athens prägenden Einfluß geltend zu machen („lykurgische Ära"). In Anknüpfung an die Finanzpolitik seines Vorgängers Eubulos konnte er die jährlichen Staatseinnahmen schließlich sogar auf 1200 Talente steigern.

Damit hatte Lykurg die materiellen Voraussetzungen geschaffen, um durch ein umfassendes Restaurationsprogramm seine Heimatpolis aus der tiefen Krise herauszuführen, in die sie nach der Niederlage bei Chaironeia geraten war. Lykurg, der zu den bedeutendsten Rednern Athens gehörte, mahnte seine Mitbürger zur Rückbesinnung auf die Glanzzeiten Athens. Die Erinnerung an die Leistungen der Vorväter sollte einer geistigen Erneuerung dienen, der dann auch in einem – teilweise schon unter Eubulos entwickelten – groß dimensionierten Bauprogramm sinnfällig Ausdruck verliehen wurde. Athen und ganz Attika wurden mit Zweck- und Prachtbauten so üppig ausgestattet wie seit perikleischer Zeit nicht mehr. Mit dieser moralischen „Aufrüstung" ging aber auch eine militärische einher. Die Hafen- und Befestigungsanlagen wurden erneuert und ausgebaut und die Zahl der Kriegsschiffe auf eine zuvor noch niemals erreichte Größe gebracht. Zugleich wurde die militärische Ausbildung (Ephebie) der jungen Athener von Grund auf neu organisiert und zu einem zweijährigen Wehrdienst ausgebaut, den die Epheben nach ihrer Vereidigung auf die Polis und ihre staatliche Ordnung zunächst in den Kasernen des Piräus ableisteten, um sodann im

Modell der Pnyx (Phase III, letztes Drittel des 4. Jahrhunderts v. Chr.);
American School of Classical Studies at Athens: Agora Excavations.

zweiten Jahr in den attischen Grenzfesten Wach- und Patrouillendiensten nachzugehen. Obgleich die Athener also über ein außerordentlich großes und schlagkräftiges Wehrpotential verfügten, vermieden sie in den ausgehenden 30er und frühen 20er Jahren jeden offenen Konflikt mit Makedonien. Selbst als der spartanische König Agis 331 v. Chr. zum Krieg gegen die Makedonen aufrief und in Athen zahlreiche Stimmen laut wurden, Agis zu unterstützen, hielten sich die Athener – auch auf Anraten des Demosthenes – in dieser Sache zurück und entgingen so der totalen Niederlage, die Antipatros der antimakedonischen Front noch im gleichen Jahr bei Megalopolis beibrachte.

Die Situation änderte sich von Grund auf, als Alexander 324 v. Chr. ein Edikt verkünden ließ, durch das er alle griechischen Staaten zur Wiederaufnahme ihrer in der Verbannung lebenden Mitbürger verpflichtete. Athen war durch dieses Verbanntendekret in besonderer Weise betroffen, da Alexander ausdrücklich auch die Auflösung der athenischen Kleruchie auf Samos und die Rückführung der samischen Exulanten gefordert hatte. Seit der Vertreibung der Samier und der Errichtung der Kleruchie 365 v. Chr. waren dort abertausende von Athenern angesiedelt worden. Die drohende Heimkehr dieser Menschenmasse mußte die Athener vor kaum lösbare soziale und

→ Ath. hat Angst v. Menschenmassen (Über-
bevölkerung = soziale Probleme)

wirtschaftliche Probleme stellen. Sie hofften daher, durch Verhandlungen Alexander zum Einlenken bewegen zu können. Um ihn günstig zu stimmen, beschloß die athenische Volksversammlung – wie viele andere Staaten damals auch –, Alexanders Forderung nach Apotheose nachzukommen und ihn wie einen Gott zu verehren. Gleichzeitig suchten sich die Athener von den Aktivitäten des Harpalos, des Schatzmeisters Alexanders, wenn auch nur halbherzig zu distanzieren. Harpalos war 324 v. Chr. mit einem Söldnerheer und einem reichen Silberschatz von Babylon nach Athen geflohen, um sich einer Rechenschaftslegung gegenüber Alexander zu entziehen. Anfangs von vielen durchaus als verlockende Verstärkung der athenischen Kriegsmacht angesehen, wurde Harpalos bei den Verhandlungen mit Alexander zunehmend zur Belastung. Die Forderung nach seiner Auslieferung wurde aber dadurch unterlaufen, daß ihm nach seiner Festnahme unter ungeklärten Umständen die Flucht ermöglicht wurde.

Da sich Alexander in der Samosfrage unnachgiebig zeigte, Athen sich andererseits aber auch nicht der Forderung nach Räumung der Insel beugen wollte, erschien eine Eskalation des Konfliktes unvermeidlich. Daher trafen die Athener alle notwendigen Vorkehrungen und betrieben umfangreiche Söldneranwerbungen. Im Sommer 323 v. Chr. waren sie zum Krieg bereit, als die überraschende Nachricht vom Tod Alexanders bekannt wurde. Nun konnte es nicht mehr nur um Samos gehen. Die Athener propagierten den Kampf für die gemeinsame Freiheit aller Hellenen (*koiné ton hellénon eleuthería*) und riefen zum Krieg gegen die makedonische Besatzungsmacht auf. Unter der Führung Athens konstituierte sich ein neuer, gegen Makedonien gerichteter Hellenenbund, an dem sich fast alle Staaten Mittelgriechenlands und auch Teile der Peloponnes beteiligten. Daß sich Sparta und Boiotien diesem Bund aus Furcht vor einem vielleicht dann doch wieder übermächtig werdenden Athen fernhielten, war nur ein erneutes Indiz für das alte Übel der Unfähigkeit der griechischen Poliswelt, aus eigener Kraft heraus zu einem dauerhaften Ausgleich der Interessen zu finden.

→ Athen gibt nicht nach → 323 Kriegserklärung → Alex. jedoch tot → matt
→ neuer Hellenbund g. Makedonien

Noch im Herbst 323 v. Chr. begann der „Hellenische Krieg", der zunächst mit der Einschließung des Antipatros in der mittelgriechischen Stadt Lamia einen erfolgreichen Verlauf nahm und daher auch „Lamischer Krieg" genannt wurde. Die verbündeten Hellenen hatten aber fraglos die Entschlossenheit der Diadochen, das Erbe Alexanders zu verteidigen, unterschätzt. Im Frühjahr 322 v. Chr. konnte sich Antipatros aus der belagerten Stadt befreien. Die eigentlichen Entscheidungen fielen dann im Sommer zur See. In zwei Schlachten bei Abydos am Hellespont und vor der Kykladeninsel Amorgos wurde die athenische Flotte vollständig vernichtet. Der überlegene Landsieg der Makedonen beim thessalischen Krannon besiegelte im August 322 v. Chr. das Ende des Krieges.

Athen mußte bedingungslos kapitulieren. Samos ging verloren und Oropos wurde für frei erklärt. Mit dem Verlust der gesamten Flotte büßte Athen für immer seine Geltung als Seemacht ein. In die Hafenfestung auf dem Munychiahügel im Piräus wurde eine Besatzung gelegt und Athen damit der direkten Kontrolle Makedoniens unterstellt und seiner Freiheit beraubt. Die Garnisonstruppen sicherten aber auch den Bestand der neuetablierten Regierung, an deren Spitze nun die Makedonenfreunde Phokion und Demades standen, während ihre politischen Gegenspieler, unter ihnen Demosthenes und Hypereides, zum Tode verurteilt wurden. Antipatros hatte auf einer Änderung der Verfassung bestanden: Die Teilhabe der Bürger an den politischen Rechten wurde von einem Mindestvermögen abhängig gemacht. Mochten auch die Institutionen noch ihre alten Namen tragen, so konnte dies doch nicht darüber hinwegtäuschen, daß die Demokratie aufgelöst war. Die Idee von Freiheit und Demokratie (*eleuthería und autonomía*) blieb aber unter den Athenern lebendig und wurde auch in der gewandelten Welt der hellenistischen Zeit eine zentrale Leitlinie ihres politischen Handelns.

Zeittafel

Literaturhinweise

Die Auswahl der Buchtitel wurde bewußt auf die deutschsprachige Fachliteratur begrenzt, um einen möglichst großen Leserkreis zu einer vertiefenden Lektüre zu ermuntern. In den angegebenen Werken findet sich eine Fülle weiterführender Literaturangaben.

Bleicken, J., *Die athenische Demokratie*, Paderborn etc. 1994[2]

Blume, H.-D., *Einführung in das antike Theaterwesen*, Darmstadt 1991[3]

Camp, J. M., *Die Agora von Athen. Ausgrabungen im Herzen des klassischen Athen*, Mainz 1989

Dahlheim, W., *Die griechisch-römische Antike I. Herrschaft und Freiheit: Die Geschichte der griechischen Stadtstaaten*, Paderborn etc. 1997[3]

Davies, J. K., *Das klassische Griechenland und die Demokratie*, München 1996[5]

Deubner, L., *Attische Feste*, Darmstadt 1966[2]

Eder, W. (Hrsg.), *Die athenische Demokratie im 4. Jahrhundert v. Chr. Vollendung oder Verfall einer Verfassungsform?*, Stuttgart 1995

Ehrenberg, V., *Aristophanes und das Volk von Athen*, Zürich–Stuttgart 1968

Flacelière, R., *Griechenland. Leben und Kultur in klassischer Zeit*, Stuttgart 1977

Funke, P., *Homónoia und Arché. Athen und die griechische Staatenwelt vom Ende des Peloponnesischen Krieges bis zum Königsfrieden (404/3–387/6 v.Chr.)*, Wiesbaden 1980

Habicht, Chr., *Athen. Die Geschichte der Stadt in hellenistischer Zeit*, München 1995

Hansen, M. H., *Die athenische Demokratie im Zeitalter des Demosthenes. Struktur, Prinzipien und Selbstverständnis*, Berlin 1995

Hintzen-Bohlen, B., *Die Kulturpolitik des Euboulos und des Lykurg. Die Denkmäler und Bauprojekte in Athen zwischen 355 und 322 v.Chr.*, Berlin 1997

Kinzl, K. H. (Hrsg.), *Demokratia. Der Weg zur Demokratie bei den Griechen*, Darmstadt 1995

Lauffer, S., *Die Bergwerkssklaven von Laureion*, Wiesbaden 1979[2]

Lehmann, G. A., *Oligarchische Herrschaft im klassischen Athen. Zu den Krisen und Katastrophen der attischen Demokratie im 5. und 4. Jahrhundert v.Chr.*, Opladen 1997

Lohmann, H., *Atene. Forschungen zur Siedlungs- und Wirtschaftsstruktur des klassischen Attika*, 2 Bde., Köln etc. 1993

Meier, Chr., *Athen. Ein Neubeginn der Weltgeschichte*, München 1995

Meier, Chr., *Die politische Kunst der griechischen Tragödie*, München 1988

Melchinger, S., *Das Theater der Tragödie. Aischylos, Sophokles, Euripides auf der Bühne ihrer Zeit*, München 1974

Morrison, J. S. – Coates, J. F., *Die athenische Triere. Geschichte und Rekonstruktion eines Kriegsschiffs der griechischen Antike*, Mainz 1990

Parke, H.W., *Athenische Feste*, Mainz 1987

Rausch, M., *Die athenische Demokratie. Bericht über die von 1988–1993 erschienene Forschungsliteratur*, Anzeiger für die Altertumswissenschaft 47, 1994, 199–264

Schnurr-Redford, Chr., *Frauen im klassischen Athen. Sozialer Raum und reale Bewegungsfreiheit*, Berlin 1996

Schuller, W., *Die Herrschaft der Athener im Ersten Attischen Seebund*, Berlin 1974

Travlos, J., *Bildlexikon zur Topographie des antiken Athen*, Tübingen 1971

Travlos, J., *Bildlexikon zur Topographie des antiken Attika*, Tübingen 1988

Welwei, K.-W., *Athen. Vom neolithischen Siedlungsplatz zur archaischen Großpolis*, Darmstadt 1992

Welwei, K.-W., *Das klassische Athen. Demokratie und Machtpolitik im 5. und 4. Jahrhundert v.Chr.*, Darmstadt 1999

Register